最新法律文件解读丛书

刑事法律文件解读

总第 160 辑（2018.10）

最新法律文件解读丛书编选组　编

人民法院出版社

图书在版编目(CIP)数据

刑事法律文件解读. 总第160辑 / 最新法律文件解读丛书编选组编. —北京：人民法院出版社,2019.1
(最新法律文件解读丛书)
ISBN 978-7-5109-2380-7

Ⅰ.①刑… Ⅱ.①最… Ⅲ.①刑法-法律解释-中国②刑事诉讼法-法律解释-中国 Ⅳ.①D924.05②D925.205

中国版本图书馆 CIP 数据核字(2019)第003401号

刑事法律文件解读. 总第160辑
最新法律文件解读丛书编选组 编

责任编辑 姜 峤
出版发行 人民法院出版社
地　　址 北京市东城区东交民巷27号 邮编 100745
电　　话 (010)67550573(责任编辑) 67550558(发行部查询)
65223677(读者服务部)
客服 QQ 2092078039
网　　址 http://www.courtbook.com.cn
E-mail courtbook@sina.com
印　　刷 三河市国英印务有限公司
经　　销 新华书店
开　　本 787×1092毫米 1/16
字　　数 140千字
印　　张 8
版　　次 2019年1月第1版 2019年1月第1次印刷
书　　号 ISBN 978-7-5109-2380-7
定　　价 22.00元

卷首语

2018年3月8日最高人民法院、最高人民检察院联合发布《关于涉以压缩气体为动力的枪支、气枪铅弹刑事案件定罪量刑问题的批复》，对涉及以压缩气体为动力且枪口比动能较低的枪支、气枪铅弹案件实行差别化的定罪量刑标准，以确保相关案件处理实现法律效果与社会效果的有机统一。

该批复规定，对于非法制造、买卖、运输、邮寄、储存、持有、私藏、走私以压缩气体为动力且枪口比动能较低的枪支的行为，在决定是否追究刑事责任以及如何裁量刑罚时，不仅应当考虑涉案枪支的数量，而且应当充分考虑涉案枪支的外观、材质、发射物、购买场所和渠道、价格、用途、致伤力大小、是否易于通过改制提升致伤力，以及行为人的主观认知、动机目的、一贯表现、违法所得、是否规避调查等情节，综合评估社会危害性，坚持主客观相统一，确保罪责刑相适应。

我们邀请最高人民法院有关部门撰写了解读文章，介绍了该批复制定的背景与经过、起草中的主要考虑、主要内容等问题，并重点对非法制造、买卖、运输、邮寄、储存、持有、私藏、走私以压缩气体为动力且枪口比动能较低的枪支的定罪量刑以及对于非法制造、买卖、运输、邮寄、储存、持有、私藏、走私气枪铅弹的定罪量刑进行了详细阐释，便于广大读者在司法实践中正确理解和适用。

《最新法律文件解读》丛书
编　辑　部

范春雪　（010）67550525

姜　峤　（010）67550573

丁丽娜　（010）67550608

张　奎　（010）67550673

路建华　（010）67550660

执行编辑　姜　峤

邮　　箱　bj85250573@126.com

目　录

【法律与解读】

【司法解释、司法指导性文件与解读】

【规章性文件】

[法律与解读]

中华人民共和国人民法院组织法

(1979年7月1日第五届全国人民代表大会第二次会议通过　根据1983年9月2日第六届全国人民代表大会常务委员会第二次会议《关于修改〈中华人民共和国人民法院组织法〉的决定》第一次修正　根据1986年12月2日第六届全国人民代表大会常务委员会第十八次会议《关于修改〈中华人民共和国地方各级人民代表大会和地方各级人民政府组织法〉的决定》第二次修正　根据2006年10月31日第十届全国人民代表大会常务委员会第二十四次会议《关于修改〈中华人民共和国人民法院组织法〉的决定》第三次修正　2018年10月26日第十三届全国人民代表大会常务委员会第六次会议修订)

目　录

第一章 总　　则

第一条　为了规范人民法院的设置、组织和职权，保障人民法院依法履行职责，根据宪法，制定本法。

第二条　人民法院是国家的审判机关。

人民法院通过审判刑事案件、民事案件、行政案件以及法律规定的其他案件，惩罚犯罪，保障无罪的人不受刑事追究，解决民事、行政纠纷，保护个人和组织的合法权益，监督行政机关依法行使职权，维护国家安全和社会秩序，维护社会公平正义，维护国家法制统一、尊严和权威，保障中国特色社会主义建设的顺利进行。

第三条　人民法院依照宪法、法律和全国人民代表大会常务委员会的决定设置。

第四条　人民法院依照法律规定独立行使审判权，不受行政机关、社会团体和个人的干涉。

第五条　人民法院审判案件在适用法律上一律平等，不允许任何组织和个人有超越法律的特权，禁止任何形式的歧视。

第六条　人民法院坚持司法公正，以事实为根据，以法律为准绳，遵守法定程序，依法保护个人和组织的诉讼权利和其他合法权益，尊重和保障人权。

第七条　人民法院实行司法公开，法律另有规定的除外。

第八条　人民法院实行司法责任制，建立健全权责统一的司法权力运行机制。

第九条　最高人民法院对全国人民代表大会及其常务委员会负责并报告工作。地方各级人民法院对本级人民代表大会及其常务委员会负责并报告工作。

各级人民代表大会及其常务委员会对本级人民法院的工作实施监督。

第十条　最高人民法院是最高审判机关。

最高人民法院监督地方各级人民法院和专门人民法院的审判工作，上级人民法院监督下级人民法院的审判工作。

第十一条　人民法院应当接受人民群众监督，保障人民群众对人民法院工作依法享有知情权、参与权和监督权。

第二章　人民法院的设置和职权

第十二条　人民法院分为：

（一）最高人民法院；

（二）地方各级人民法院；

（三）专门人民法院。

第十三条　地方各级人民法院分为高级人民法院、中级人民法院和基层人民法院。

第十四条　在新疆生产建设兵团设立的人民法院的组织、案件管辖范围和法官任免，依照全国人民代表大会常务委员会的有关规定。

第十五条　专门人民法院包括军事法院和海事法院、知识产权法院、金融法院等。

专门人民法院的设置、组织、职权和法官任免，由全国人民代表大会常务委员会规定。

第十六条　最高人民法院审理下列案件：

（一）法律规定由其管辖的和其认为应当由自己管辖的第一审案件；

（二）对高级人民法院判决和裁定的上诉、抗诉案件；

（三）按照全国人民代表大会常务委员会的规定提起的上诉、抗诉案件；

（四）按照审判监督程序提起的再审案件；

（五）高级人民法院报请核准的死刑案件。

第十七条　死刑除依法由最高人民法院判决的以外，应当报请最高人民法院核准。

第十八条　最高人民法院可以对属于审判工作中具体应用法律的问题进行解释。

最高人民法院可以发布指导性案例。

第十九条　最高人民法院可以设巡回法庭，审理最高人民法院依法确定的案件。

巡回法庭是最高人民法院的组成部分。巡回法庭的判决和裁定即最高人民法院的判决和裁定。

第二十条　高级人民法院包括：

（一）省高级人民法院；

（二）自治区高级人民法院；

（三）直辖市高级人民法院。

第二十一条 高级人民法院审理下列案件：

（一）法律规定由其管辖的第一审案件；

（二）下级人民法院报请审理的第一审案件；

（三）最高人民法院指定管辖的第一审案件；

（四）对中级人民法院判决和裁定的上诉、抗诉案件；

（五）按照审判监督程序提起的再审案件；

（六）中级人民法院报请复核的死刑案件。

第二十二条 中级人民法院包括：

（一）省、自治区辖市的中级人民法院；

（二）在直辖市内设立的中级人民法院；

（三）自治州中级人民法院；

（四）在省、自治区内按地区设立的中级人民法院。

第二十三条 中级人民法院审理下列案件：

（一）法律规定由其管辖的第一审案件；

（二）基层人民法院报请审理的第一审案件；

（三）上级人民法院指定管辖的第一审案件；

（四）对基层人民法院判决和裁定的上诉、抗诉案件；

（五）按照审判监督程序提起的再审案件。

第二十四条 基层人民法院包括：

（一）县、自治县人民法院；

（二）不设区的市人民法院；

（三）市辖区人民法院。

第二十五条 基层人民法院审理第一审案件，法律另有规定的除外。

基层人民法院对人民调解委员会的调解工作进行业务指导。

第二十六条 基层人民法院根据地区、人口和案件情况，可以设立若干人民法庭。

人民法庭是基层人民法院的组成部分。人民法庭的判决和裁定即基层人民法院的判决和裁定。

第二十七条 人民法院根据审判工作需要，可以设必要的专业审判庭。法官员额较少的中级人民法院和基层人民法院，可以设综合审判庭或者不设审判庭。

人民法院根据审判工作需要，可以设综合业务机构。法官员额较少的中级人民法院和基层人民法院，可以不设综合业务机构。

第二十八条 人民法院根据工作需要，可以设必要的审判辅助机构和行政管理机构。

第三章 人民法院的审判组织

第二十九条 人民法院审理案件，由合议庭或者法官一人独任审理。

合议庭和法官独任审理的案件范围由法律规定。

第三十条 合议庭由法官组成，或者由法官和人民陪审员组成，成员为三人以上单数。

合议庭由一名法官担任审判长。院长或者庭长参加审理案件时，由自己担任审判长。

审判长主持庭审、组织评议案件，评议案件时与合议庭其他成员权利平等。

第三十一条 合议庭评议案件应当按照多数人的意见作出决定，少数人的意见应当记入笔录。评议案件笔录由合议庭全体组成人员签名。

第三十二条 合议庭或者法官独任审理案件形成的裁判文书，经合议庭组成人员或者独任法官签署，由人民法院发布。

第三十三条 合议庭审理案件，法官对案件的事实认定和法律适用负责；法官独任审理案件，独任法官对案件的事实认定和法律适用负责。

人民法院应当加强内部监督，审判活动有违法情形的，应当及时调查核实，并根据违法情形依法处理。

第三十四条 人民陪审员依照法律规定参加合议庭审理案件。

第三十五条 中级以上人民法院设赔偿委员会，依法审理国家赔偿案件。

赔偿委员会由三名以上法官组成，成员应当为单数，按照多数人的意见作出决定。

第三十六条 各级人民法院设审判委员会。审判委员会由院长、副院长和若干资深法官组成，成员应当为单数。

审判委员会会议分为全体会议和专业委员会会议。

中级以上人民法院根据审判工作需要，可以按照审判委员会委员专业和工作分工，召开刑事审判、民事行政审判等专业委员会会议。

第三十七条 审判委员会履行下列职能：

（一）总结审判工作经验；

（二）讨论决定重大、疑难、复杂案件的法律适用；

（三）讨论决定本院已经发生法律效力的判决、裁定、调解书是否应当再审；

（四）讨论决定其他有关审判工作的重大问题。

最高人民法院对属于审判工作中具体应用法律的问题进行解释，应当由审判委员会全体会议讨论通过；发布指导性案例，可以由审判委员会专业委员会会议讨论通过。

第三十八条 审判委员会召开全体会议和专业委员会会议，应当有其组成人员的过半数出席。

审判委员会会议由院长或者院长委托的副院长主持。审判委员会实行民主集中制。

审判委员会举行会议时，同级人民检察院检察长或者检察长委托的副检察长可以列席。

第三十九条 合议庭认为案件需要提交审判委员会讨论决定的，由审判长提出申请，院长批准。

审判委员会讨论案件，合议庭对其汇报的事实负责，审判委员会委员对本人发表的意见和表决负责。审判委员会的决定，合议庭应当执行。

审判委员会讨论案件的决定及其理由应当在裁判文书中公开，法律规定不公开的除外。

第四章 人民法院的人员组成

第四十条 人民法院的审判人员由院长、副院长、审判委员会委员和审判员等人员组成。

第四十一条 人民法院院长负责本院全面工作，监督本院审判工作，管理本院行政事务。人民法院副院长协助院长工作。

第四十二条 最高人民法院院长由全国人民代表大会选举，副院长、审判委员会委员、庭长、副庭长和审判员由院长提请全国人民代表大会常务委员会任免。

最高人民法院巡回法庭庭长、副庭长，由最高人民法院院长提请全国人民代表大会常务委员会任免。

第四十三条 地方各级人民法院院长由本级人民代表大会选举，副院长、审判委员会委员、庭长、副庭长和审判员由院长提请本级人民代表大会常务委员会任免。

在省、自治区内按地区设立的和在直辖市内设立的中级人民法院院长，由省、自治区、直辖市人民代表大会常务委员会根据主任会议的提名决定任免，副院长、审判委员会委员、庭长、副庭长和审判员由高级人民法院院长提请省、自治区、直辖市人民代表大会常务委员会任免。

第四十四条 人民法院院长任期与产生它的人民代表大会每届任期相同。

各级人民代表大会有权罢免由其选出的人民法院院长。在地方人民代表大会闭会期间，本级人民代表大会常务委员会认为人民法院院长需要撤换的，应当报请上级人民代表大会常务委员会批准。

第四十五条 人民法院的法官、审判辅助人员和司法行政人员实行分类管理。

第四十六条 法官实行员额制。法官员额根据案件数量、经济社会发展情况、人口数量和人民法院审级等因素确定。

最高人民法院法官员额由最高人民法院商有关部门确定。地方各级人民法院法官员额，在省、自治区、直辖市内实行总量控制、动态管理。

第四十七条 法官从取得法律职业资格并且具备法律规定的其他条件的人员中选任。初任法官应当由法官遴选委员会进行专业能力审核。上级人民法院的法官一般从下级人民法院的法官中择优遴选。

院长应当具有法学专业知识和法律职业经历。副院长、审判委员会委员应当从法官、检察官或者其他具备法官、检察官条件的人员中产生。

法官的职责、管理和保障，依照《中华人民共和国法官法》的规定。

第四十八条 人民法院的法官助理在法官指导下负责审查案件材料、草拟法律文书等审判辅助事务。

符合法官任职条件的法官助理，经遴选后可以按照法官任免程序任命为法官。

第四十九条 人民法院的书记员负责法庭审理记录等审判辅助事务。

第五十条 人民法院的司法警察负责法庭警戒、人员押解和看管等警务事项。

司法警察依照《中华人民共和国人民警察法》管理。

第五十一条 人民法院根据审判工作需要，可以设司法技术人员，负责与审判工作有关的事项。

第五章 人民法院行使职权的保障

第五十二条 任何单位或者个人不得要求法官从事超出法定职责范围的事务。

对于领导干部等干预司法活动、插手具体案件处理，或者人民法院内部人员过问案件情况的，办案人员应当全面如实记录并报告；有违法违纪情形的，由有关机关根据情节轻重追究行为人的责任。

第五十三条 人民法院作出的判决、裁定等生效法律文书，义务人应当依法履行；拒不履行的，依法追究法律责任。

第五十四条 人民法院采取必要措施，维护法庭秩序和审判权威。对妨碍人民法院依法行使职权的违法犯罪行为，依法追究法律责任。

第五十五条 人民法院实行培训制度，法官、审判辅助人员和司法行政人员应当接受理论和业务培训。

第五十六条 人民法院人员编制实行专项管理。

第五十七条 人民法院的经费按照事权划分的原则列入财政预算，保障审判工作需要。

第五十八条 人民法院应当加强信息化建设，运用现代信息技术，促进司法公开，提高工作效率。

第六章 附 则

第五十九条 本法自 2019 年 1 月 1 日起施行。

最高人民法院研究室负责人就人民法院组织法修改答记者问

2018 年 10 月 26 日，第十三届全国人民代表大会常务委员会第六次会议表决通过了《中华人民共和国人民法院组织法（修订草案）》。值此公布之际，最高人民法院研究室负责人就人民法院组织法修订相关情况回答了记者的提问。

问：请您介绍一下人民法院组织法修订的背景和主要经过？

答：现行人民法院组织法自 1979 年颁布施行近 40 年来，仅在 1983 年、1986 年、2006 年作了局部修改，总体上已经不能适应新时代中国特色社会主义司法实践和司法制度发展的需要。特别是党的十八大以来，党中央部署全面深化司法体制改革，人民法院全面推进以司法责任制为核心的重大基础性改革，积极推动审判体系和审判能力现代化，既取得了明显成效，也对立法层面健全完善有关人民法院管理体制、组织体系、队伍建设以及履职保障等提出了迫切需求。为巩固司法改革成果、保障司法改革全面深化，全国人大内司委早在中央部署全面深化司法改革之初，便积极推动人民法院组织法修订工作，我院也积极参与，共同促成全国人大常委会于 2013 年将人民法院组织法（修改）正式纳入立法规划。我院党组和周强院长高度重视，成立了人民法院组织法修改研究小组，部署研究起草人民法院组织法修改建议稿并明确了分工，相关部门紧锣密鼓地开展调查研究，多位院领导指导和参与组织法修改工作。

由于司法改革的力度、广度、深度前所未有，重大改革举措和试点方案不断出台，我院及时总结改革试点经验，聚焦实践中需要解决的重大问题，在全国人大内司委指导下，经广泛征求意见、反复研究论证，于 2016 年 9 月正式向全国人大内司委提交了《人民法院组织法修改建议稿》。随后，全国人大内司委进一步深入开展调研论证，广泛凝聚各方共识，形成《中华人民共和国人民法院组织法（修订草案）》，并于2017年8月提交第十二届全国人大常委会第二十九次会议第一次审议。首次审议后，由全国人大法工委牵头组织研究论证，于2018年6月提交第十三届全国人大常委会第三次会议二次审议。全国人大常委会于2018年6月29日发布公告，广泛征求社会各界的意见。全国人大法工委在认真梳理1000多条反馈意见的基础上，进一步修改完善修订草案。2018年10月23日，第十三届全国人大常委会第六次会议审议法院组织法修订草案第三次审议稿。10月26日全国人大常委会第六次会议表决通过。

问：人民法院组织法修改工作历时数年，这期间主要坚持哪些工作原则？

答：无论是最高人民法院起草修改建议稿，还是全国人大内司委和全国人大法工委组织起草修订草案，在推进人民法院组织法修改过程中，我们主要坚持以下几个工作原则：

一是贯彻落实党中央深化司法体制改革总体部署。认真贯彻落实党中央和习近平总书记对深化司法改革、推进公正司法提出的新理念新思想新战略，及时通过法定程序、以法律形式固定下来。比如总则第六条规定人民法院坚持司法公正，尊重和保障人权；第八条规定人民法院实行司法责任制，建立健全权责统一的司法权力运行机制；第四十六条规定法官实行员额制；第五十二条规定任何单位或者个人不得要求法官从事超出法定职责范围的事务，对领导干部干预司法活动或者插手具体案件处理要全面如实记录并追究责任等。二是落实宪法确定的制度、原则和精神，符合宪法的规定。深入学习贯彻宪法规定精神，严格在现行宪法框架下推进组织法修改工作，切实维护宪法权威。比如总则第一条就明确规定根据宪法制定本法；第三条规定人民法院依照宪法、法律和全国人大常委会的决定设置；第五条规定人民法院审判案件在适用法律上一律平等，不允许任何组织和个人有超越法律的特权；第九条规定各级人民代表大会及其常务委员会对本级人民法院的工作实施监督等。三是保持人民法院组织体系和法院组织法基本原则的稳定性。我们坚持巩固司法改革最新成果，但对正在试点或者试点成效尚不明显、未能达成广泛共识的问题，在修订时仅作出原则性规定或暂不规定，为深化司法改革预留探索空间。比如完善了最高人民法院巡回法庭审理案件的范围，但对跨行政区划法院暂未明确规定，待条件成熟时再作规定。四是处理好法院组织法与诉讼法、法官法等相关法律的关系。例如有关法官履职保障的具体内容，在法官法（修订草案）中规定。

问：人民法院组织法本次修订，总体上有哪些变化值得关注？

答：本次对人民法院组织法的修订是一次全面、大幅度的修改，不仅条文数量从原有40条增加到59条，而且在体系框架上作了较大调整。值得关注的变化，主要有以下几个方面：

一是完善了人民法院工作原则。总则第四条至第十一条分别规定了人民法院依法独立行使审判权、审判案件在适用法律上一律平等、坚持司法公正、实行司法公开、实行司法责任制、自觉接受人大及其常委会和人民群众的监督等等。

二是健全了人民法院组织体系。第十五条明确规定了专门人民法院包括军事法院和海事法院、知识产权法院以及金融法院等，第十九条明确规定了最高人民法院可以设巡回法庭，这些都为人民法院组织体系发展提供了广阔的空间。

三是完善了最高人民法院职能。第十六条明确规定最高人民法院可以审理按照全国人大常委会的规定提起的上诉、抗诉案件，为完善最高人民法院审判职能提供了重要的依据。第十九条明确了我院巡回法庭审理的案件不再限于“跨行政区划重大行政、民商事案件”。特别值得关注的是，第十八条明确规定了我院可以发布指导性案例，有效巩固了人民法院这些年在案例指导制度方面的改革探索，对统一全国法院的法律适用和裁判标准将发挥重大作用。

问：本次修订对审判委员会制度规定较多，能否介绍一下有哪些亮点？

答：改革审委会制度是党的十八届三中全会明确的重大司法改革任务。此次对人民法院组织法的修订，第三十六条至第三十九条分别规定了审委会的组成、职能、议事规则、启动程序、决定效力、责任承担及公开机制等内容，条文由原来1条（3款）变为现在4条（10款），亮点主要体现在以下三个方面：

一是理顺了审委会与专业委员会的关系。为充分发挥审委会职能，结合审判工作实际，我院和部分高中级法院探索设立了刑事或民事专业委员会。第三十六条明确规定审判委员会会议分为全体会议和专业委员会会议，这不仅充分肯定了人民法院此前对审委会工作方式的改革成果，而且理顺了审委会和专业委员会的关系，即明确专业委员会只属于审委会的会议形式之一，而不是审委会新的组织机构。

二是科学界定了审委会的职能。第三十七条明确规定审委会只讨论决定重大、疑难、复杂案件的法律适用，而不是案件事实认定；第三十九条规定审委会讨论案件由合议庭对其汇报的事实负责。同时，第三十七条还规定我院发布的指导性案例，由审委会专业委员会会议讨论通过。

三是完善了审委会的运行机制。理清了合议庭与审委会的关系，严格审委会讨论决定案件的启动程序，即规定由审判长提出申请、院长批准，并规定审委会讨论案件的决定，合议庭应当执行。在此基础上，规定了审委会委员对本人发表的意见和表决负责，严格落实“让审理者裁判，由裁判者负责”，切实贯彻落实司法责任制总体要求。此外，除法律规定不宜公开的情形之外，还规定了审委会讨论案件的决定及其理由应当在裁判文书中公开，进一步拓展司法公开的深度。

问：中央明确提出要加强法官正规化专业化职业化建设，这些要求在人民法院组织法中都有哪些体现？

答：加强法官正规化专业化职业化建设是深化司法体制改革的重要目标。人民法院组织法修订中，也积极回应了这方面的目标需求。一是严格法官入职程序和条件，第四十七条明确规定初任法官须经法律遴选委员会专业能力的审核。院长应当具有法学专业知识和法律职业经历，副院长、审判委员会委员应当从法官、检察官或者具备相应条件的人员中产生。二是建立了法官遴选机制，规定上级法院的法官，一般从下级人民法院的法官中择优遴选。三是加强对法官的履职保障。第四十八条规定法官助理在法官指导下办理审查案件资料、草拟法律文书等审判辅助事务，将促使法官从事务性工作中“解脱”出来，确保法官有更多的精力专心对纠纷作出公正裁判。第五十二条规定任何单位或者个人不得要求法官从事超出法定职责范围的事务，确保法官专司裁判工作。第五十八条规定人民法院要加强信息化建设，运用现代信息技术提高审判工作效率。四是明确了法官培训制度，第五十五条规定法官应当接受理论和业务培训。

中华人民共和国人民检察院组织法

(1979 年 7 月 1 日第五届全国人民代表大会第二次会议通过　根据 1983 年 9 月 2 日第六届全国人民代表大会常务委员会第二次会议《关于修改〈中华人民共和国人民检察院组织法〉的决定》第一次修正　根据 1986 年 12 月 2 日第六届全国人民代表大会常务委员会第十八次会议《关于修改〈中华人民共和国地方各级人民代表大会和地方各级人民政府组织法〉的决定》第二次修正　2018 年 10 月 26 日第十三届全国人民代表大会常务委员会第六次会议修订)

目　录

第一章　总　　则

第一条　为了规范人民检察院的设置、组织和职权，保障人民检察院依法履行职责，根据宪法，制定本法。

第二条　人民检察院是国家的法律监督机关。

人民检察院通过行使检察权，追诉犯罪，维护国家安全和社会秩序，维护个人和组织的合法权益，维护国家利益和社会公共利益，保障法律正确实施，维护社会公平正义，维护国家法制统一、尊严和权威，保障中国特色社会主义建设的顺利进行。

第三条 人民检察院依照宪法、法律和全国人民代表大会常务委员会的决定设置。

第四条 人民检察院依照法律规定独立行使检察权，不受行政机关、社会团体和个人的干涉。

第五条 人民检察院行使检察权在适用法律上一律平等，不允许任何组织和个人有超越法律的特权，禁止任何形式的歧视。

第六条 人民检察院坚持司法公正，以事实为根据，以法律为准绳，遵守法定程序，尊重和保障人权。

第七条 人民检察院实行司法公开，法律另有规定的除外。

第八条 人民检察院实行司法责任制，建立健全权责统一的司法权力运行机制。

第九条 最高人民检察院对全国人民代表大会及其常务委员会负责并报告工作。地方各级人民检察院对本级人民代表大会及其常务委员会负责并报告工作。

各级人民代表大会及其常务委员会对本级人民检察院的工作实施监督。

第十条 最高人民检察院是最高检察机关。

最高人民检察院领导地方各级人民检察院和专门人民检察院的工作，上级人民检察院领导下级人民检察院的工作。

第十一条 人民检察院应当接受人民群众监督，保障人民群众对人民检察院工作依法享有知情权、参与权和监督权。

第二章 人民检察院的设置和职权

第十二条 人民检察院分为：

（一）最高人民检察院；

（二）地方各级人民检察院；

（三）军事检察院等专门人民检察院。

第十三条 地方各级人民检察院分为：

（一）省级人民检察院，包括省、自治区、直辖市人民检察院；

（二）设区的市级人民检察院，包括省、自治区辖市人民检察院，自治州人民检察院，省、自治区、直辖市人民检察院分院；

（三）基层人民检察院，包括县、自治县、不设区的市、市辖区人民检察院。

第十四条 在新疆生产建设兵团设立的人民检察院的组织、案件管辖范围和检察官任免，依照全国人民代表大会常务委员会的有关规定。

第十五条 专门人民检察院的设置、组织、职权和检察官任免，由全国人民代表大会常务委员会规定。

第十六条 省级人民检察院和设区的市级人民检察院根据检察工作需要，经最高人民检察院和省级有关部门同意，并提请本级人民代表大会常务委员会批准，可以在辖区内特定区域设立人民检察院，作为派出机构。

第十七条 人民检察院根据检察工作需要，可以在监狱、看守所等场所设立检察室，行使派出它的人民检察院的部分职权，也可以对上述场所进行巡回检察。

省级人民检察院设立检察室，应当经最高人民检察院和省级有关部门同意。设区的市级人民检察院、基层人民检察院设立检察室，应当经省级人民检察院和省级有关部门同意。

第十八条 人民检察院根据检察工作需要，设必要的业务机构。检察官员额较少的设区的市级人民检察院和基层人民检察院，可以设综合业务机构。

第十九条 人民检察院根据工作需要，可以设必要的检察辅助机构和行政管理机构。

第二十条 人民检察院行使下列职权：

（一）依照法律规定对有关刑事案件行使侦查权；

（二）对刑事案件进行审查，批准或者决定是否逮捕犯罪嫌疑人；

（三）对刑事案件进行审查，决定是否提起公诉，对决定提起公诉的案件支持公诉；

（四）依照法律规定提起公益诉讼；

（五）对诉讼活动实行法律监督；

（六）对判决、裁定等生效法律文书的执行工作实行法律监督；

（七）对监狱、看守所的执法活动实行法律监督；

（八）法律规定的其他职权。

第二十一条 人民检察院行使本法第二十条规定的法律监督职权，可以进行调查核实，并依法提出抗诉、纠正意见、检察建议。有关单位应当予以配合，并及时将采纳纠正意见、检察建议的情况书面回复人民检察院。

抗诉、纠正意见、检察建议的适用范围及其程序，依照法律有关规定。

第二十二条 最高人民检察院对最高人民法院的死刑复核活动实行监督；对报请核准追诉的案件进行审查，决定是否追诉。

第二十三条 最高人民检察院可以对属于检察工作中具体应用法律的问题进行解释。

最高人民检察院可以发布指导性案例。

第二十四条 上级人民检察院对下级人民检察院行使下列职权：

（一）认为下级人民检察院的决定错误的，指令下级人民检察院纠正，或者依法撤销、变更；

（二）可以对下级人民检察院管辖的案件指定管辖；

（三）可以办理下级人民检察院管辖的案件；

（四）可以统一调用辖区的检察人员办理案件。

上级人民检察院的决定，应当以书面形式作出。

第二十五条 下级人民检察院应当执行上级人民检察院的决定；有不同意见的，可以在执行的同时向上级人民检察院报告。

第二十六条 人民检察院检察长或者检察长委托的副检察长，可以列席同级人民法院审判委员会会议。

第二十七条 人民监督员依照规定对人民检察院的办案活动实行监督。

第三章 人民检察院的办案组织

第二十八条 人民检察院办理案件，根据案件情况可以由一名检察官独任办理，也可以由两名以上检察官组成办案组办理。

由检察官办案组办理的，检察长应当指定一名检察官担任主办检察官，组织、指挥办案组办理案件。

第二十九条 检察官在检察长领导下开展工作，重大办案事项由检察长决定。检察长可以将部分职权委托检察官行使，可以授权检察官签发法律文书。

第三十条 各级人民检察院设检察委员会。检察委员会由检察长、副检察长和若干资深检察官组成，成员应当为单数。

第三十一条 检察委员会履行下列职能：

（一）总结检察工作经验；

（二）讨论决定重大、疑难、复杂案件；

（三）讨论决定其他有关检察工作的重大问题。

最高人民检察院对属于检察工作中具体应用法律的问题进行解释、发布指导性案例，应当由检察委员会讨论通过。

第三十二条 检察委员会召开会议，应当有其组成人员的过半数出席。

检察委员会会议由检察长或者检察长委托的副检察长主持。检察委员会实行民主集中制。

地方各级人民检察院的检察长不同意本院检察委员会多数人的意见，属于办理案件的，可以报请上一级人民检察院决定；属于重大事项的，可以报请上一级人民检察院或者本级人民代表大会常务委员会决定。

第三十三条 检察官可以就重大案件和其他重大问题，提请检察长决定。检察长可以根据案件情况，提交检察委员会讨论决定。

检察委员会讨论案件，检察官对其汇报的事实负责，检察委员会委员对本人发表的意见和表决负责。检察委员会的决定，检察官应当执行。

第三十四条 人民检察院实行检察官办案责任制。检察官对其职权范围内就案件作出的决定负责。检察长、检察委员会对案件作出决定的，承担相应责任。

第四章　人民检察院的人员组成

第三十五条 人民检察院的检察人员由检察长、副检察长、检察委员会委员和检察员等人员组成。

第三十六条 人民检察院检察长领导本院检察工作，管理本院行政事务。人民检察院副检察长协助检察长工作。

第三十七条 最高人民检察院检察长由全国人民代表大会选举和罢免，副检察长、检察委员会委员和检察员由检察长提请全国人民代表大会常务委员会任免。

第三十八条 地方各级人民检察院检察长由本级人民代表大会选举和罢免，副检察长、检察委员会委员和检察员由检察长提请本级人民代表大会常务委员会任免。

地方各级人民检察院检察长的任免，须报上一级人民检察院检察长提请本级人民代表大会常务委员会批准。

省、自治区、直辖市人民检察院分院检察长、副检察长、检察委员会委员和检察员，由省、自治区、直辖市人民检察院检察长提请本级人民代表大会常务委员会任免。

第三十九条 人民检察院检察长任期与产生它的人民代表大会每届任期相同。

全国人民代表大会常务委员会和省、自治区、直辖市人民代表大会常务委员会根据本级人民检察院检察长的建议，可以撤换下级人民检察院检察长、副检察长和检察委员会委员。

第四十条 人民检察院的检察官、检察辅助人员和司法行政人员实行分类管理。

第四十一条 检察官实行员额制。检察官员额根据案件数量、经济社会发展情况、人口数量和人民检察院层级等因素确定。

最高人民检察院检察官员额由最高人民检察院商有关部门确定。地方各级人民检察院检察官员额，在省、自治区、直辖市内实行总量控制、动态管理。

第四十二条 检察官从取得法律职业资格并且具备法律规定的其他条件的人员中选任。初任检察官应当由检察官遴选委员会进行专业能力审核。上级人民检察院的检察官一般从下级人民检察院的检察官中择优遴选。

检察长应当具有法学专业知识和法律职业经历。副检察长、检察委员会委员应当从检察官、法官或者其他具备检察官、法官条件的人员中产生。

检察官的职责、管理和保障，依照《中华人民共和国检察官法》的规定。

第四十三条 人民检察院的检察官助理在检察官指导下负责审查案件材料、草拟法律文书等检察辅助事务。

符合检察官任职条件的检察官助理，经遴选后可以按照检察官任免程序任命为检察官。

第四十四条 人民检察院的书记员负责案件记录等检察辅助事务。

第四十五条 人民检察院的司法警察负责办案场所警戒、人员押解和看管等警务事项。

司法警察依照《中华人民共和国人民警察法》管理。

第四十六条 人民检察院根据检察工作需要，可以设检察技术人员，负责与检察工作有关的事项。

第五章 人民检察院行使职权的保障

第四十七条 任何单位或者个人不得要求检察官从事超出法定职责范围的事务。

对于领导干部等干预司法活动、插手具体案件处理，或者人民检察院内部人员过问案件情况的，办案人员应当全面如实记录并报告；有违法违纪情形的，由有关机关根据情节轻重追究行为人的责任。

第四十八条 人民检察院采取必要措施，维护办案安全。对妨碍人民检察院依法行使职权的违法犯罪行为，依法追究法律责任。

第四十九条 人民检察院实行培训制度，检察官、检察辅助人员和司法行政人员应当接受理论和业务培训。

第五十条 人民检察院人员编制实行专项管理。

第五十一条 人民检察院的经费按照事权划分的原则列入财政预算，保障检察工作需要。

第五十二条 人民检察院应当加强信息化建设，运用现代信息技术，促进司法公开，提高工作效率。

第六章 附 则

第五十三条 本法自2019年1月1日起施行。

最高人民检察院相关负责人就新修订的人民检察院组织法答记者问

2018年10月26日，十三届全国人大常委会第六次会议审议通过了《中华人民共和国人民检察院组织法（修订草案)》。这部法律的修订有什么重大意义？对检察机关意味着什么？在接受记者采访时，最高人民检察院法律政策研究室负责人进行了解读。

人民检察院组织法修订是对司法体制改革、检察改革成果的确认和巩固

问：人民检察院组织法的修改有什么历史背景和重要意义？请简单介绍一下该法的修订过程。

答：人民检察院组织法的修订，充分体现了以习近平同志为核心的党中央关于完善检察机关行使监督权的法律制度的要求，落实了宪法对检察机关的定位，对十八大、十九大以来司法体制改革、检察改革的成果予以确认和巩固。对规范人民检察院的设置和职权，完善检察院管理体制和检察权运行机制，保障人民检察院依法履行职责，更好地保障国家法律正确实施，维护社会公平正义，进一步提升司法公信力，具有重要意义。

1979年7月5日颁布、1980年1月1日起施行的《人民检察院组织法》明确了我国检察机关在国家机构中的性质、地位、作用和职责，对构建人民检察院组织体系、加强法律监督工作、确立中国特色社会主义检察制度发挥了重要作用。四十年来，随着我国经济社会飞速发展，民主法治建设日臻完善，先后出台和修订完善的刑事、民事和行政诉讼法等相关法律赋予了检察机关一系

列新的职能。尤其是全面依法治国的深化和国家监察体制改革、司法体制改革的推进，检察机关的机构设置、职权配置、检察权运行方式和保障机制等都发生了深刻变化，这些都需要在检察院组织法中予以体现。

《人民检察院组织法》修改曾先后被列入第八届、第九届、第十届全国人大常委会立法规划。但是由于在一些问题上无法形成共识，因此未能完成。随着司法改革的稳步推进，一些涉及检察职权配置、增强法律监督措施的改革文件陆续出台，一些争议问题陆续得到了解决，修改《人民检察院组织法》的时机逐渐成熟。

2013 年，修改《人民检察院组织法》列入第十二届全国人大常委会立法规划的一类立法项目，并明确由原全国人大内司委牵头。原全国人大内司委提出，这次修法的幅度为“大改”而非“中改”和“小改”，必须是全面地、系统地修订和改进。最高检党组高度重视检察院组织法修改研究工作，成立了组织法修改工作领导小组和修改专班，深入调查研究，广泛征求意见，向原全国人大内司委报送了《中华人民共和国人民检察院组织法修改草案（建议稿)》。原全国人大内司委充分吸收最高检意见，又征求了相关中央国家机关和社会各界的意见，形成了《人民检察院组织法（修订草案)》。2017 年 8 月，十二届全国人大常委会第二十九次会议对草案进行了第一次审议。

第十三届全国人大常委会继续将组织法的修改列入立法规划。2018 年 6 月，《人民检察院组织法（修订草案)》提请十三届全国人大常委会第三次会议进行了第二次审议。10 月 26 日，十三届全国人大常委会第六次会议审议并通过了《人民检察院组织法（修订草案)》。

新修订人民检察院组织法条文数量增加了近一倍，在 11 个方面进行了较大修改完善

问：人民检察院组织法修改可谓一波三折。那么，这次修订主要有哪些内容？对检察机关有哪些影响？

答：1979 年《人民检察院组织法》共 3 章 28 条，修改后的《人民检察院组织法》共 6 章 53 条，不仅条文数量增加了近一倍，体例、内容上也做了较大修改完善。主要有以下几个方面：

一是明确了人民检察院的性质和任务。围绕坚持宪法定位，规定：“人民

检察院是国家的法律监督机关。人民检察院通过行使检察权，追诉犯罪，维护国家安全和社会秩序，维护个人和组织的合法权益，维护国家利益、社会公共利益，保障法律正确实施，维护社会公平正义，维护国家法制统一、尊严、权威，保障中国特色社会主义建设的顺利进行。”

二是完善了检察工作的基本原则和工作体制。增加了检察院设置法定原则、司法公正原则、司法公开原则、司法责任制原则、接受人民群众监督原则等基本原则。关于人民检察院的领导体制，规定：“最高人民检察院是最高检察机关。最高人民检察院领导地方各级人民检察院的工作。上级人民检察院领导下级人民检察院的工作。”关于人民检察院与同级人民代表大会及其常务委员会的关系，明确“最高人民检察院对全国人民代表大会及其常务委员会负责并报告工作。地方各级人民检察院对本级人民代表大会及其常务委员会负责并报告工作”。同时强调“各级人民代表大会及其常务委员会对本级人民检察院的工作实施监督”。

三是完善了人民检察院设置的有关规定。在严格按照宪法确立的人民检察院分为最高人民检察院、地方各级人民检察院、军事检察院等专门检察院的基础上，增加规定地方各级人民检察院分为省级人民检察院、设区的市级人民检察院、基层人民检察院。明确了省级人民检察院和设区的市级人民检察院可以在辖区内特定区域设立人民检察院，作为派出机构。增加规定，在新疆生产建设兵团设立的人民检察院的组织、案件管辖范围和检察官任免，依照全国人民代表大会常务委员会的有关规定。明确专门人民检察院的设置、组织、职权和检察官任免，由全国人民代表大会常务委员会规定。

四是完善了人民检察院内设机构的有关规定。第一，规定了人民检察院内设机构的设置，明确了人民检察院根据检察工作需要，设必要的业务机构。为贯彻司法改革要求，合理精简整合人民检察院内设机构，规定检察官员额较少的设区的市级检察院和基层人民检察院，可以设综合业务机构。检察院可以设必要的检察辅助机构和行政管理机构。第二，规定了派驻检察室和巡回检察监督方式，人民检察院根据检察工作需要，可以在监狱、看守所等场所设立检察室，行使派出它的人民检察院的部分职权，也可以对上述场所进行巡回检察。这一规定为检察机关完善派驻检察室和巡回检察相结合的监督工作机制提供了法律依据。

五是完善了人民检察院职权的有关规定。规定人民检察院行使的职权包括八项：一是依照法律规定对有关刑事案件行使侦查权，包括司法工作人员利用职权实施的非法拘禁、刑讯逼供、非法搜查等侵犯公民权利、损害司法公正的犯罪，国家机关工作人员利用职权实施的重大犯罪案件；二是对刑事案件进行审查，批准或者决定是否逮捕犯罪嫌疑人；三是对刑事案件进行审查，决定是否提起公诉，对决定提起公诉的案件支持公诉；四是依照法律规定提起公益诉讼；五是对诉讼活动实行法律监督；六是对判决、裁定等生效法律文书的执行工作实行法律监督；七是对监狱、看守所的执法活动实行法律监督，包括对监狱、看守所对生效法律文书的执行活动，即刑罚执行活动进行监督以及对监狱、看守所的其他执法活动进行监督；八是法律规定的其他职权。

除了明确人民检察院行使的一般职权外，此次修改还规定了最高检行使的职权，具体包括：对最高法死刑复核活动实行监督；对报请核准追诉的案件进行审查、决定是否追诉；对属于检察工作中具体应用法律的问题进行解释；发布指导性案例。

六是完善了人民检察院行使职权的措施和方式。规定：“人民检察院行使本法第二十条规定的法律监督职权，可以进行调查核实，并依法提出抗诉、纠正意见、检察建议。有关单位应当予以配合，并及时将采纳纠正意见、检察建议的情况书面回复人民检察院。”“抗诉、纠正意见、检察建议的适用范围及程序，依照法律有关规定。”检察机关调查核实的方式主要包括调阅、借阅案卷材料和其他文件资料，查询、调取、复制相关证据资料，向有关单位及其工作人员了解情况，向当事人或者案外人询问取证等。抗诉、纠正意见和检察建议是检察机关行使法律监督职权的主要方式，要求有关单位及时将采纳纠正意见、检察建议的情况书面回复人民检察院，对提升纠正意见、检察建议的监督实效具有重要意义。

七是增加规定检察长或者检察长委托的副检察长可以列席同级人民法院审判委员会会议。检察长列席同级人民法院审判委员会会议制度是中国特色社会主义司法制度的重要组成部分，是检察机关履行法律监督职能的重要方式，将这一制度写入《人民检察院组织法》是对司法改革成果的法律化制度化。

八是增加规定人民监督员对人民检察院的办案活动实行监督。规定没有将监督范围限定在办理刑事案件，为检察机关在民事、行政检察和公益诉讼等领域进一步拓展人民监督员监督范围留下空间。

九是完善了人民检察院的办案组织。按照司法责任制的要求，完善了独任检察官和检察官办案组运行机制，规定“人民检察院办理案件，根据案件情况可以由一名检察官独任办理，也可以由两名以上检察官组成办案组办理。由检察官办案组办理的，检察长应当指定一名检察官为主办检察官，组织、指挥办案组办理案件。”完善了检察委员会的职能、组成、议事程序、决定的效力等规定。

十是明确了人民检察院的组成人员。规定人民检察院由检察长、副检察长、检察委员会委员和检察员等人员组成，明确了各级人民检察院组成人员的任免程序。明确人民检察院组成人员的任职条件。规定检察官、检察辅助人员和司法行政人员实行分类管理。明确检察官实行员额制。检察官员额根据人民检察院案件数量、经济社会发展情况、人口数量和人民检察院层级等因素确定。最高人民检察院检察官员额，由最高人民检察院商有关部门确定。地方各级人民检察院检察官员额，在省、自治区、直辖市内实行总量控制，动态管理。

十一是完善了人民检察院行使职权的保障。防止对检察权的外部干预，明确“任何单位或者个人不得要求检察官从事超出法定职责范围的事务。对于领导干部干预司法活动、插手具体案件处理，或者人民检察院内部人员过问案件情况的，办案人员应当全面如实记录并报告；有违法违纪情形的，由有关机关根据情节轻重追究行为人的责任。”规定人民检察院采取必要措施，维护办案安全。对妨碍人民检察院依法行使职权的违法犯罪行为，依法追究法律责任。此外还对检察机关编制管理、经费保障、人员培训、信息化建设等作出了规定。

[司法解释、司法指导性文件与解读]

最高人民法院　最高人民检察院

关于涉以压缩气体为动力的枪支、气枪铅弹刑事案件定罪量刑问题的批复

法释〔2018〕8号

（2018年1月25日最高人民法院审判委员会第1732次会议、2018年3月2日最高人民检察院第十二届检察委员会第74次会议通过　2018年3月8日最高人民法院、最高人民检察院公告公布　自2018年3月30日起施行）

各省、自治区、直辖市高级人民法院、人民检察院，解放军军事法院、军事检察院，新疆维吾尔自治区高级人民法院生产建设兵团分院、新疆生产建设兵团人民检察院：

近来，部分高级人民法院、省级人民检察院就如何对非法制造、买卖、运输、邮寄、储存、持有、私藏、走私以压缩气体为动力的枪支、气枪铅弹（用铅、铅合金或者其他金属加工的气枪弹）行为定罪量刑的问题提出请示。经研究，批复如下：

一、对于非法制造、买卖、运输、邮寄、储存、持有、私藏、走私以压缩气体为动力且枪口比动能较低的枪支的行为，在决定是否追究刑事责任以及如何裁量刑罚时，不仅应当考虑涉案枪支的数量，而且应当充分考虑涉案枪支的外观、材质、发射物、购买场所和渠道、价格、用途、致伤力大小、是否易于通过改制提升致伤力，以及行为人的主观认知、动机目的、一贯表现、违法所

得、是否规避调查等情节，综合评估社会危害性，坚持主客观相统一，确保罪责刑相适应。

二、对于非法制造、买卖、运输、邮寄、储存、持有、私藏、走私气枪铅弹的行为，在决定是否追究刑事责任以及如何裁量刑罚时，应当综合考虑气枪铅弹的数量、用途以及行为人的动机目的、一贯表现、违法所得、是否规避调查等情节，综合评估社会危害性，确保罪责刑相适应。

此复。

解读——
《最高人民法院、最高人民检察院关于涉以压缩气体为动力的枪支、气枪铅弹刑事案件定罪量刑问题的批复》

最高人民法院研究室刑事处

日前，最高人民法院、最高人民检察院联合发布了《关于涉以压缩气体为动力的枪支、气枪铅弹刑事案件定罪量刑问题的批复》(法释〔2018〕8号，以下简称《批复》)，自2018年3月30日起施行。为便于司法实践中正确理解和适用，现就《批复》的制定背景与经过、起草中的主要考虑、主要内容等问题介绍如下。

一、《批复》的制定背景与经过

刑法第一百二十五条规定了非法制造、买卖、运输、邮寄、储存枪支、弹药、爆炸物罪，第一百二十八条规定了非法持有、私藏枪支、弹药罪，第一百五十一条规定了走私武器、弹药罪。为依法严惩涉枪涉爆犯罪，最高人民法院于2001年制定了《关于审理非法制造、买卖、运输枪支、弹药、爆炸物等刑事案件具体应用法律若干问题的解释》(以下简称《涉枪解释》)，并于2009年修改后重新公布。2014年，最高人民法院又会同最高人民检察院制定了

《关于办理走私刑事案件适用法律若干问题的解释》（以下简称《走私解释》），对走私武器、弹药罪的定罪量刑标准作了规定。由于涉枪犯罪危害公共安全，社会危害性大，相关司法解释设置了较低的入罪门槛和升档量刑标准，以彰显严厉惩治此类犯罪的立场。例如，根据司法解释的规定，非法制造、买卖、运输、邮寄、储存、持有、私藏军用枪支1支以上的，或者非法制造、买卖、运输、邮寄、储存、持有、私藏以火药为动力发射枪弹的非军用枪支1支以上或者以压缩气体等为动力的其他非军用枪支2支以上的，即构成犯罪；枪支数量达到上述标准五倍或者三倍以上的，要升档量刑，其中如认定为非法制造、买卖、运输、邮寄、储存枪支罪的，可以判处十年以上有期徒刑直至死刑。应当指出的是，上述司法解释的发布施行，对于有效惩治涉枪犯罪，保障人民群众的生命财产安全，确保国家安全和社会大局稳定发挥了重要作用。

枪支管理法第四十六条对“枪支”作了定义性规定，明确“本法所称枪支，是指以火药或者压缩气体为动力，利用管状器具发射金属弹丸或者其他物质，足以致人伤亡或者丧失知觉的各种枪支。”同时，该法第四条规定，枪支管理工作由公安机关主管。由于枪支管理法只是明确了枪支的性能特征，实践中办理相关案件，一直按照有关部门制定的枪支鉴定标准认定是否属于枪支。《涉枪解释》是与公安部发布的《公安机关涉案枪支弹药性能鉴定工作规定》（公通字〔2001〕68号）确立的射击干燥松木板的枪支鉴定标准相衔接的。据了解，射击干燥松木板标准对应的枪口比动能在16焦耳/平方厘米左右。从多年的实践来看，按照射击干燥松木板标准和《涉枪解释》处理相关案件，未引发问题和争议。基于严控枪支的需要，加之射击干燥松木板标准本身存在缺陷，公安部于2007年发布了《枪支致伤力的法庭科学鉴定判据》（GA/T 718－2007，该标准为推荐标准），将枪支认定标准修改为枪口比动能1.8焦耳/平方厘米。2010年《公安机关涉案枪支弹药性能鉴定工作规定》（公通字〔2010〕67号）明确，对不能发射制式弹药的非制式枪支，“枪口比动能大于等于1.8焦耳/平方厘米时，一律认定为枪支”。

在枪支鉴定标准作出上述调整后，近年来，涉枪案件呈现出多样性、复杂性的特点。特别是，一些涉以压缩气体为动力且枪口比动能较低的枪支的案件，涉案枪支的致伤力较低，在决定是否追究刑事责任以及裁量刑罚时唯枪支数量论，恐会悖离一般公众的认知，也违背罪责刑相适应原则的要求。司法实践中，个别案件的处理引发社会各界广泛关注，法律效果和社会效果不佳。

此外，在司法实践中，涉气枪铅弹案件同样存在类似问题。根据《涉枪解释》的规定，非法制造、买卖、运输、邮寄、储存气枪铅弹达到500发以上的，即应当判处三年以上十年以下有期徒刑，达到2500发以上的，即应当判处十年以上有期徒刑直至死刑；非法持有、私藏气枪铅弹达到1000发以上的，即应当判处三年以下有期徒刑、拘役或者管制，达到5000发以上的，即应当判处三年以上七年以下有期徒刑。《走私解释》对走私气枪铅弹定罪量刑的入罪门槛和法定刑升档标准同样很低。而从司法实践来看，此类案件涉案铅弹往往数量大，通常1小盒铅弹的数量即超过500发，达到入罪标准。因此，在决定是否追究刑事责任以及裁量刑罚时唯铅弹数量论，也会出现刑事打击范围过大和量刑畸重的不合理现象。

针对非法制造、买卖、运输、邮寄、储存、持有、私藏、走私以压缩气体为动力且枪口比动能较低的枪支、气枪铅弹案件的新情况、新特点，最高人民法院会同最高人民检察院，在公安部、海关总署等有关部门的大力支持下，经过深入调查研究、广泛征求意见，起草了《批复》。2018年1月25日最高人民法院审判委员会第1732次会议、2018年3月2日最高人民检察院第十二届检察委员会第74次会议审议通过了《批复》。

二、《批复》起草中的主要考虑

为确保《批复》的内容科学合理，能够适应形势发展、满足实践需要，在起草过程中，着重注意把握了以下几点：

一是坚持严控枪支与妥善处理案件并重。一方面，坚持严格管控枪支，依法严惩涉枪犯罪，有效维护公共安全和社会秩序，保障国家长治久安；另一方面，坚持实事求是原则，考虑到不同类型枪支、弹药的致伤力存在重大差异，对涉及以压缩气体为动力且枪口比动能较低的枪支、气枪铅弹案件实行差别化的定罪量刑标准，以确保相关案件处理实现法律效果与社会效果的有机统一，确保人民群众在每一个涉枪犯罪案件的处理中感受到公平正义。

二是保持涉枪犯罪案件定罪量刑标准的相对连贯性。根据动力的不同，枪支主要分为以火药为动力的枪支和以压缩气体为动力的枪支。从实践反映的情况看，以火药为动力的枪支案件的定罪量刑不存在问题。但是，以压缩气体为动力的枪支的枪口比动能范围很宽，高则能达上百焦耳/平方厘米，危害性不小于以火药为动力的枪支；低则可能刚刚达到枪支的认定标准，致伤力较低。对于涉此类枪支案件的刑事责任追究和刑罚裁量，如不作区别，明显不符合宽严相济刑事政策和罪责刑相适应原则的基本要求。鉴此，《批复》仅对涉以压缩气体为动力且枪口比动能较低的枪支案件的定罪量刑标准作出调整，对于以火药为动力的枪支以及以压缩气体为动力但枪口比动能较高的枪支的案件，仍然适用《涉枪解释》和《走私解释》的标准不变，从严惩治，确保司法标准和裁判尺度的连贯性、一致性。

三是彰显宽严相济刑事政策的基本要求。根据宽严相济刑事政策的要求，就枪支犯罪而言，当前应当针对边境走私、网络贩卖枪支案件高发的新特点，突出打击重点、切实提升打击的针对性、实效性。就涉以压缩气体为动力且枪口比动能较低的枪支、气枪铅弹案件而言，应当重点打击以牟利、实施其他犯罪为目的，或者涉案枪支易于通过改制提升致伤力，以及行为人具有前科情节等情形。对于以收藏、娱乐为目的，涉案枪支致伤力极低，主观上难以认识到系枪支，行为人系初犯、偶犯等情形的，应当体现从宽的精神。鉴此，《批复》要求对此类案件的处理坚持宽严相济刑事政策，从枪支数量、致伤力大小、行为人认知等主客观方面综合考量，避免唯枪支数量论。

三、《批复》的主要内容

《批复》共两条，规定对于涉以压缩气体为动力的枪支、气枪铅弹案件的定罪量刑，应当根据案件情况综合评估社会危害性，坚持主客观相统一，确保罪责刑相适应。

（一）非法制造、买卖、运输、邮寄、储存、持有、私藏、走私以压缩气体为动力且枪口比动能较低的枪支的定罪量刑

《批复》规定：“对于非法制造、买卖、运输、邮寄、储存、持有、私藏、走私以压缩气体为动力且枪口比动能较低的枪支的行为，在决定是否追究刑事责任以及如何裁量刑罚时，不仅应当考虑涉案枪支的数量，而且应当充分考虑涉案枪支的外观、材质、发射物、购买场所和渠道、价格、用途、致伤力大小、是否易于通过改制提升致伤力，以及行为人的主观认知、动机目的、一贯表现、违法所得、是否规避调查等情节，综合评估社会危害性，坚持主客观相统一，确保罪责刑相适应。”据此，对于非法制造、买卖、运输、邮寄、储存、持有、私藏、走私以压缩气体为动力且枪口比动能较低的枪支案件，在决定是

否追究刑事责任以及如何裁量刑罚时，不应当唯枪支数量论，而应当根据案件情况综合评估社会危害性。具体而言，除涉案枪支的数量外，还应当充分考虑如下情况：

一是涉案枪支的外观、材质、发射物、购买场所和渠道、价格。这主要是考虑到实践中一些以压缩气体为动力且枪口比动能较低的枪支，虽然经鉴定枪口比动能达到了枪支认定标准，但是从其外观看一般人明显不会认识到系枪支（如玩具枪），材质通常不同于一般枪支（如使用材质较差的塑料），发射物明显致伤力较小（如发射BB弹），就购买场所和渠道而言一般人认为购买不到枪支的地方（如玩具市场），就价格而言一般人认为不可能是枪支的对价（如仅花费了几十元钱）。对于上述情形，在决定是否追究刑事责任以及如何裁量刑罚时，就应当根据相应情节作出特别考虑。

二是涉案枪支的致伤力大小、是否易于通过改制提升致伤力。以压缩气体为动力的枪支的枪口比动能区间较大，且由于发射物不同，枪支致伤力存在明显差异。因此，在办理具体案件时，应当要求公安机关做好涉案枪支的鉴定工作，涉案枪支的鉴定意见要载明枪支的数量、发射物、枪口比动能的具体数值等情况，以便判断其致伤力大小。此外，此类枪支中的部分枪支，其本身致伤力不大，但易于通过改制达到较大致伤力，具有更大的社会危害性。对于是否易于通过改制提升致伤力，应当由公诉机关予以证明，必要时可以通过鉴定人、有专门知识的人出庭作证的方式作进一步判断。

三是涉案枪支的用途和行为人的主观认知、动机目的、一贯表现、违法所得、是否规避调查等情节。这主要侧重从行为人角度对社会危害性进行考量。特别是，要坚持主客观相统一，防止“客观归罪”，即只要涉案枪支经鉴定认定为枪支即追究刑事责任，而对行为人主观上是否明知涉案物品系枪支置之不顾。根据主客观相统一原则的要求，对于此类案件的处理，要根据在案证据对行为人主观明知作出准确认定，对于不能认定行为人主观上明知涉案物品系枪支的，不认定为犯罪。例如，赵某某、朱某某夫妇在集贸市场内销售“玩具枪”，公安机关从其作为玩具出售的枪状物中起获43支，经鉴定均为以弹簧为动力转化为压缩气体发射球形弹丸，其中有18支符合枪支标准。在本案的审查起诉阶段，检察机关认为，对赵某某、朱某某夫妇在集贸市场内销售“玩具枪”的行为，没有充分的证据证明其主观上明知出售的物品系枪支并具有非法买卖枪支的故意，故依法作出存疑不起诉处理。该案的处理，正是从主观明知方面作了准确判断，体现了主客观相统一原则的基本要求。

此外，对行为人的动机目的、违法所得的考量，主要考虑以牟利或者实施其他违法犯罪为目的，非法制造、买卖、运输、邮寄、储存、持有、私藏、走私枪支的行为，社会危害性较大。相反，对于以收藏、娱乐为目的，非法购买、持有以压缩气体为动力、枪口比动能较低且不属于易于通过改制提升致伤力的枪支的，社会危害性相对较小，应当依法从宽处罚；如果行为人系初犯，确有悔改表现，没有造成严重后果的，可以依法不起诉或者免予刑事处罚；情节显著轻微危害不大的，不以犯罪论处；确有必要判处刑罚的，可以非法持有枪支罪依法从宽处罚。对行为人是否规避调查的考量，主要考虑行为人是否采用伪装、隐藏等有意规避有关部门调查的方式实施上述涉枪违法犯罪的行为。

需要注意的是，在《批复》起草过程中，对于是否应当明确“枪口比动能较低”的具体数值，存在不同认识。经慎重研究认为，涉以压缩气体为动力的枪支的案件情况非常复杂，在决定是否追究刑事责任以及如何裁量刑罚时，需要考虑枪口比动能这一重要因素，但更须根据案件情况综合考量。在此背景下，如对“枪口比动能较低”的具体数值作出规定，恐会导致对具体案件的处理陷入“一刀切”的困境，不符合《批复》所确立的综合考量精神。例如，涉案枪支的枪口比动能虽然较低，但是易于通过改制提升致伤力，社会危害性大，如受制于“枪口比动能较低”的具体数值，可能难以依法严惩；相反，涉案枪支的枪口比动能虽然达到一定数值，比如达到11焦耳/平方厘米，但综合考虑购买场所和渠道、价格、用途等因素，综合评估认为社会危害性不大的，若受制于“枪口比动能较低”的具体数值，可能出现处理过苛、处罚过严的问题。基于上述考虑，《批复》最终未对“枪口比动能较低”的具体数值作出明确，司法实践中，应当根据案件具体情况，在综合考虑其他相关情节的基础上，妥当把握“枪口比动能较低”的认定。

顺带提及的是，司法实践中对于涉“火柴枪”等其他致伤力较低的枪支的案件的处理，同样存在类似的问题。鉴于相关问题尚待进一步总结司法经验，《批复》未作明确规定。但是，处理具体案件时，可以根据《批复》的精神，在决定是否追究刑事责任以及如何裁量刑罚时，综合评估社会危害性，坚持主客观相统一，实现罪责刑相适应。

（二）对于非法制造、买卖、运输、邮寄、储存、持有、私藏、走私气枪铅弹的定罪量刑

《批复》规定："对于非法制造、买卖、运输、邮寄、储存、持有、私藏、走私气枪铅弹的行为，在决定是否追究刑事责任以及如何裁量刑罚时，应当综合考虑气枪铅弹的数量、用途以及行为人的动机目的、一贯表现、违法所得、是否规避调查等情节，综合评估社会危害性，确保罪责刑相适应。"据此，对于非法制造、买卖、运输、邮寄、储存、持有、私藏、走私气枪铅弹的行为，也要避免唯数量论，而应当根据案件情况综合评估社会危害性，妥当决定是否追究刑事责任以及如何裁量刑罚，确保罪责刑相适应。

除气枪铅弹外，用其他金属加工的气枪弹与气枪铅弹可能具有大致相当的致伤力。因此，为避免司法实践中对"气枪铅弹"作机械把握，《批复》明确气枪铅弹是指"用铅、铅合金或者其他金属加工的气枪弹"。

最高人民检察院

关于印发《人民检察院公诉人出庭举证质证工作指引》的通知

2018年7月3日

各省、自治区、直辖市人民检察院，解放军军事检察院，新疆生产建设兵团人民检察院：

《人民检察院公诉人出庭举证质证工作指引》（以下简称《指引》）已经2018年5月2日最高人民检察院第十三届检察委员会第一次会议通过。现印发你们，供参考。现提出如下工作要求。

一、充分认识加强举证质证工作的重要意义。出席法庭支持公诉是刑事公诉工作的龙头，举证质证是出庭支持公诉的核心环节。举证质证的质量，直接影响指控犯罪的质量和出庭支持公诉的效果。随着刑事诉讼立法和实践的不断发展变化，特别是以审判为中心的刑事诉讼制度改革、刑事案件认罪认罚从宽制度试点的深入推进，包括举证质证工作在内的公诉人出庭支持公诉工作面临着新的更高要求，公诉人在庭前审查预测和准备、把握庭审主动权、有效应对庭审变化等方面面临新挑战。加强出庭举证质证工作，对于检察机关深化诉讼制度改革，全面贯彻证据裁判规则，有效应对庭审实质化具有重要意义。各级人民检察院要切实加强举证质证工作，更好发挥公诉人在庭审中的职能作用，着力提高出庭公诉质量和效果，不断提升司法公信力。

二、全面理解和准确把握《指引》的内容。《指引》适应建立完善多层次诉讼体系需要，着眼于构建以庭前准备为基础，以当庭指控证实犯罪为核心，认罪与不认罪案件相区别的出庭公诉模式，提升公诉人出庭举证质证水平，对举证质证的概念内涵、目标任务、遵循原则、基本要求、一般方法等作了规定，为公诉人出庭举证质证工作提供了基本遵循。要全面理解和准确把握《指引》内容，熟练掌握运用举证质证原则和方法，更好履行指控犯罪职能。要坚持实事求是，恪守客观公正立场，尊重辩方，服从法庭，理性文明。要推进繁简分流，优化司法资源配置，疑难复杂案件按照庭审实质化要求举证质证，简单案件简化举证质证。要加强举证质证的准备，特别是有效运用庭前会议整理争点、解决争议、确定举证方式等。要加强证据合法性的举证和证明，积极质证答辩，保证公诉案件客观公正，符合程序正义。要熟练掌握和运用各类举证质证方法，通过构建证据体系，证明公诉主张，有效反驳辩解，掌握庭审主动权，确保指控犯罪有力。

三、切实抓好《指引》的学习培训。《指引》充分吸收了各级公诉部门和优秀公诉人实践经验，基本涵盖了举证质证工作全过程的常见问题，对于提升公诉人出庭整体水平具有重要指导作用。各级人民检察院要高度重视，将《指引》作为学习培训的重要内容，通过举办业务培训班、开展庭审观摩、听庭评议等，教育引导公诉人准确掌握举证质证工作理念原则、基本要求和常用方法，规范出庭履职行为，围绕保证庭审在查明事实、认定证据、保护诉权、公正裁判中发挥决定性作用，有效提高举证质证工作质量，有力指控和证明犯罪。要加强对司法实践中举证质证新情况新问题的研究，及时总结推广优秀公诉人的成功办案经验，不断丰富完善举证质证方法策略。要加强案例指导，注重收集和编发具有典型意义的公诉人出庭举证质证案例，发挥典型案例的示范引领作用。

执行《指引》过程中遇到的重要情况和问题，请及时报告最高人民检察院公诉厅。

附：

人民检察院公诉人出庭举证质证工作指引

（2018年5月2日最高人民检察院第十三届检察委员会第一次会议通过）

第一章　总　则

第一条　为适应以审判为中心的刑事诉讼制度改革新要求，全面贯彻证据裁判规则，进一步加强和改进公诉人出庭举证质证工作，构建认罪和不认罪案件相区别的出庭公诉模式，增强指控犯罪效果，根据《中华人民共和国刑事诉讼法》和相关规定，结合检察工作实际，制定本工作指引。

第二条　举证是指在出庭支持公诉过程中，公诉人向法庭出示、宣读、播放有关证据材料并予以说明，对出庭作证人员进行询问，以证明公诉主张成立的诉讼活动。

质证是指在审判人员的主持下，由控辩双方对所出示证据材料及出庭作证人员的言词证据的证据能力和证明力相互进行质疑和辩驳，以确认是否作为定案依据的诉讼活动。

第三条　公诉人出庭举证质证，应当以辩证唯物主义认识论为指导，以事实为根据，以法律为准绳，注意运用逻辑法则和经验法则，有力揭示和有效证实犯罪，提高举证质证的质量、效率和效果，尊重和保障犯罪嫌疑人、被告人和其他诉讼参与人诉讼权利，努力让人民群众在每一个司法案件中感受到公平正义。

第四条　公诉人举证质证，应当遵循下列原则：

（一）实事求是，客观公正；

（二）突出重点，有的放矢；

（三）尊重辩方，理性文明；

（四）遵循法定程序，服从法庭指挥。

第五条　公诉人可以根据被告人是否认罪，采取不同的举证质证模式。

被告人认罪的案件，经控辩双方协商一致并经法庭同意，举证质证可以简化。

被告人不认罪或者辩护人作无罪辩护的案件，一般应当全面详细举证质证。但对辩护方无异议的证据，经控辩双方协商一致并经法庭同意，举证质证也可以简化。

第六条 公诉人举证质证，应当注重与现代科技手段相融合，积极运用多媒体示证、电子卷宗、出庭一体化平台等，增强庭审指控犯罪效果。

第二章 举证质证的准备

第七条 公诉人审查案件时，应当充分考虑出庭准备和庭审举证质证工作的需要，有针对性地制作审查报告。

第八条 公诉人基于出庭准备和庭审举证质证工作的需要，可以在开庭前从人民法院取回有关案卷材料和证据，或者查阅电子卷宗。

第九条 公诉案件开庭前，公诉人应当进一步熟悉案情，掌握证据情况，深入研究与本案有关的法律政策问题，熟悉审判可能涉及的专业知识，围绕起诉书指控的犯罪事实和情节，制作举证质证提纲，做好举证质证准备。

制作举证质证提纲应当注意以下方面：

（一）证据的取得是否符合法律规定；

（二）证据是否符合法定形式；

（三）证据是否为原件、原物，照片、录像、复制件、副本等与原件、原物是否相符；

（四）发现证据时的客观环境；

（五）证据形成的原因；

（六）证人或者提供证据的人与本案有无利害关系；

（七）证据与待证事实之间的关联关系；

（八）证据之间的相互关系；

（九）证据是否共同指向同一待证事实，有无无法排除的矛盾和无法解释的疑问，全案证据是否形成完整的证明体系，根据全案证据认定的事实是否足以排除合理怀疑，结论是否具有唯一性；

（十）证据是否具有证据能力及其证明力的其他问题。

第十条 公诉人应当通过参加庭前会议，及时掌握辩护方提供的证据，全面了解被告人及其辩护人对证据的主要异议，并在审判人员主持下，就案件的争议焦点、证据的出示方式等进行沟通，确定举证顺序、方式。根据举证需要，公诉人可以申请证人、鉴定人、侦查人员、有专门知识的人出庭，对辩护方出庭人员名单提出异议。

审判人员在庭前会议中组织展示证据的，公诉人应当出示拟在庭审中出示的证据，梳理存在争议的证据，听取被告人及其辩护人的意见。

被告人及其辩护人在开庭审理前申请排除非法证据，并依照法律规定提供相关线索或者材料的，公诉人经查证认为不存在非法取证行为的，应当在庭前会议中通过出示有关证据材料等方式，有针对性地对证据收集的合法性作出说明。

公诉人可以在庭前会议中撤回有关证据。撤回的证据，没有新的理由，不得在庭审中出示。

公诉人应当根据庭前会议上就举证方式达成的一致意见，修改完善举证提纲。

第十一条　公诉人在开庭前收到人民法院转交或者被告人及其辩护人、被害人、证人等递交的反映证据系非法取得的书面材料的，应当进行审查。对于审查逮捕、审查起诉期间已经提出并经查证不存在非法取证行为的，应当通知人民法院，或者告知有关当事人和辩护人，并按照查证的情况做好庭审准备。对于新的材料或者线索，可以要求侦查机关对证据收集的合法性进行说明或者提供相关证明材料，必要时可以自行调查核实。

第十二条　公诉人在庭前会议后依法收集的证据，在开庭前应当及时移送人民法院，并了解被告人或者其辩护人是否提交新的证据。如果有新的证据，公诉人应当对该证据进行审查。

第十三条　公诉人在开庭前，应当通过讯问被告人、听取辩护人意见、参加庭前会议、与法庭沟通等方式，了解掌握辩护方所收集的证明被告人无罪、罪轻或者反映存在非法取证行为的相关材料情况，进一步熟悉拟在庭审中出示的相关证据，围绕证据的真实性、关联性、合法性，全面预测被告人、辩护人可能提出的质证观点，有针对性地制作和完善质证提纲。

第三章　举　证

第一节　举证的基本要求

第十四条　公诉人举证，一般应当遵循下列要求：

（一）公诉人举证，一般应当全面出示证据；出示、宣读、播放每一份（组）证据时，一般应当出示证据的全部内容。根据普通程序、简易程序以及庭前会议确定的举证方式和案件的具体情况，也可以简化出示，但不得随意删减、断章取义。没有召开庭前会议的，公诉人可以当庭与辩护方协商，并经法庭许可确定举证方式。

（二）公诉人举证前，应当先就举证方式作出说明；庭前会议对简化出示证据达成一致意见的，一并作出说明。

（三）出示、宣读、播放每一份（组）证据前，公诉人一般应当先就证据证明方向，证据的种类、名称、收集主体和时间以及所要证明的内容向法庭作概括说明。

（四）对于控辩双方无异议的非关键性证据，举证时可以仅就证据的名称及所证明的事项作出说明；对于可能影响定罪量刑的关键证据和控辩双方存在争议的证据，以及法庭认为有必要调查核实的证据，应当详细出示。

（五）举证完毕后，应当对出示的证据进行归纳总结，明确证明目的。

（六）使用多媒体示证的，应当与公诉人举证同步进行。

第十五条　公诉人举证，应当主要围绕下列事实，重点围绕控辩双方争议的内容进行：

（一）被告人的身份；

（二）指控的犯罪事实是否存在，是否为被告人所实施；

（三）实施犯罪行为的时间、地点、方法、手段、结果，被告人犯罪后的表现等；

（四）犯罪集团或者其他共同犯罪案件中参与犯罪人员的各自地位和应负的责任；

（五）被告人有无刑事责任能力，有无故意或者过失，行为的动机、目的；

（六）有无依法不应当追究刑事责任的情形，有无法定从重或者从轻、减轻以及免除处罚的情节；

（七）犯罪对象、作案工具的主要特征，与犯罪有关的财物的来源、数量以及去向；

（八）被告人全部或者部分否认起诉书指控的犯罪事实的，否认的根据和理由能否成立；

（九）与定罪、量刑有关的其他事实。

第十六条 对于公诉人简化出示的证据，辩护人要求公诉人详细出示的，可以区分不同情况作出处理。具有下列情形之一的，公诉人应当详细出示：

（一）审判人员要求详细出示的；

（二）辩护方要求详细出示并经法庭同意的；

（三）简化出示证据可能影响举证效果的。

具有下列情形之一的，公诉人可以向法庭说明理由，经法庭同意后，可以不再详细出示：

（一）公诉人已经详细出示过相关证据，辩护方重复要求的；

（二）公诉人简化出示的证据能够证明案件事实并反驳辩护方异议的；

（三）辩护方所要求详细出示的内容与起诉书认定事实无关的；

（四）被告人承认指控的犯罪事实和情节的。

第十七条 辩护方当庭申请公诉人宣读出示案卷中对被告人有利但未被公诉人采信的证据的，可以建议法庭决定由辩护方宣读出示，并说明不采信的理由。法庭采纳辩护方申请要求公诉人宣读出示的，公诉人应当出示。

第十八条 公诉人、被告人及其辩护人对收集被告人供述是否合法未达成一致意见，人民法院在庭审中对证据合法性进行调查的，公诉人可以根据讯问笔录、羁押记录、提讯登记、出入看守所的健康检查记录、医院病历、看守管教人员的谈话记录、采取强制措施或者侦查措施的法律文书、侦查机关对讯问过程合法性的证明材料、侦查机关或者检察机关对证据收集合法性调查核实的结论、驻看守所检察人员在侦查终结前对讯问合法性的核查结论等，对庭前讯问被告人的合法性进行证明，可以要求法庭播放讯问同步录音、录像，必要时可以申请法庭通知侦查人员或者其他人员出庭说明情况。

控辩双方对收集证人证言、被害人陈述、收集物证、书证等的合法性以及其他程序事实发生争议的，公诉人可以参照前款规定出示、宣读有关法律文书、侦查或者审查起诉活动笔录等予以证明。必要时，可以建议法庭通知负责侦查的人员以及搜查、查封、扣押、冻结、勘验、检查、辨认、侦查实验等活动的见证人出庭陈述有关情况。

第二节　举证的一般方法

第十九条　举证一般应当一罪名一举证、一事实一举证，做到条理清楚、层次分明。

第二十条　举证顺序应当以有利于证明公诉主张为目的，公诉人可以根据案件的不同种类、特点和庭审实际情况，合理安排和调整举证顺序。一般先出示定罪证据，后出示量刑证据；先出示主要证据，后出示次要证据。

公诉人可以按照与辩护方协商并经法庭许可确定的举证顺序进行举证。

第二十一条　根据案件的具体情况和证据状况，结合被告人的认罪态度，举证可以采用分组举证或者逐一举证的方式。

案情复杂、同案被告人多、证据数量较多的案件，一般采用分组举证为主、逐一举证为辅的方式。

对证据进行分组时，应当遵循证据之间的内在逻辑关系，可以将证明方向一致或者证明内容相近的证据归为一组；也可以按照证据种类进行分组，并注意各组证据在证明内容上的层次和递进关系。

第二十二条　对于可能影响定罪量刑的关键证据和控辩双方存在争议的证据，应当单独举证。

被告人认罪的案件，对控辩双方无异议的定罪证据，可以简化出示，主要围绕量刑和其他有争议的问题出示证据。

第二十三条　对于被告人不认罪案件，应当立足于证明公诉主张，通过合理举证构建证据体系，反驳被告人的辩解，从正反两个方面予以证明。重点一般放在能够有力证明指控犯罪事实系被告人所为的证据和能够证明被告人无罪辩解不成立的证据上，可以将指控证据和反驳证据同时出示。

对于被告人翻供的，应当综合运用证据，阐明被告人翻供的时机、原因、规律，指出翻供的不合理、不客观、有矛盾之处。

第二十四条　“零口供”案件的举证，可以采用关键证据优先法。公诉人根据案件证据情况，优先出示定案的关键证据，重点出示物证、书证、现场勘查笔录等客观性证据，直接将被告人与案件建立客观联系，在此基础上构建全案证据体系。

辩点较多案件的举证，可以采用先易后难法。公诉人根据案件证据情况和庭前会议了解的被告人及辩护人的质证观点，先出示被告人及辩护人没有异议的证据或者分歧较小的证据，后出示控辩双方分歧较大的证据，使举证顺利推进，为集中精力对分歧证据进行质证作准备。

依靠间接证据定案的不认罪案件的举证，可以采用层层递进法。公诉人应当充分运用逻辑推理，合理安排举证顺序，出示的后一份（组）证据与前一份（组）证据要紧密关联，环环相扣，层层递进，通过逻辑分析揭示各个证据之间的内在联系，综合证明案件已经排除合理怀疑。

第二十五条 对于一名被告人有一起犯罪事实或者案情比较简单的案件，可以根据案件证据情况按照法律规定的证据种类举证。

第二十六条 对于一名被告人有数起犯罪事实的案件，可以以每一起犯罪事实为单元，将证明犯罪事实成立的证据分组举证或者逐一举证。其中，涉及每起犯罪事实中量刑情节的证据，应当在对该起犯罪事实举证中出示；涉及全案综合量刑情节的证据，应当在全案的最后出示。

第二十七条 对于数名被告人有一起犯罪事实的案件，根据各被告人在共同犯罪中的地位、作用及情节，一般先出示证明主犯犯罪事实的证据，再出示证明从犯犯罪事实的证据。

第二十八条 对于数名被告人有数起犯罪事实的案件，可以采用不同的分组方法和举证顺序，或者按照作案时间的先后顺序，或者以主犯参与的犯罪事实为主线，或者以参与人数的多少为标准，并注意区分犯罪集团的犯罪行为、一般共同犯罪行为和个别成员的犯罪行为，分别进行举证。

第二十九条 对于单位犯罪案件，应当先出示证明单位构成犯罪的证据，再出示对其负责的单位主管人员或者其他直接责任人员构成犯罪的证据。对于指控被告单位犯罪与指控单位主管人员或者其他直接责任人员犯罪的同一份证据可以重复出示，但重复出示时仅予以说明即可。

第三节　各类证据的举证要求

第三十条 出示的物证一般应当是原物。原物不易搬运、不易保存或者已返还被害人的，可以出示反映原物外形和特征的照片、录像、复制品，并向法庭说明情况及与原物的同一性。

出示的书证一般应当是原件，获取书证原件确有困难的，可以出示书证副本或者复制件，并向法庭说明情况及与原件的同一性。

出示物证、书证时，应当对物证、书证所要证明的内容、收集情况作概括说明，可以提请法庭让当事人、证人等诉讼参与人辨认。物证、书证经过技术鉴定的，可以宣读鉴定意见。

第三十一条　询问出庭作证的证人，应当遵循以下规则：

（一）发问应当单独进行；

（二）发问应当简洁、清楚；

（三）发问应当采取一问一答形式，不宜同时发问多个内容不同的问题；

（四）发问的内容应当着重围绕与定罪、量刑紧密相关的事实进行；

（五）不得以诱导方式发问；

（六）不得威胁或者误导证人；

（七）不得损害证人的人格尊严；

（八）不得泄露证人个人隐私；

（九）询问未成年人，应当结合未成年人的身心特点进行。

第三十二条　证人出庭的，公诉人可以要求证人就其了解的与案件有关的事实进行陈述，也可以直接发问。对于证人采取猜测性、评论性、推断性语言作证的，公诉人应当提醒其客观表述所知悉的案件事实。

公诉人认为证人作出的回答对案件事实和情节的认定有决定性或者重大影响，可以提请法庭注意。

证人出庭作证的证言与庭前提供的证言相互矛盾的，公诉人应当问明理由，并对该证人进行询问，澄清事实。认为理由不成立的，可以宣读证人在改变证言前的笔录内容，并结合相关证据予以反驳。

对未到庭证人的证言笔录，应当当庭宣读。宣读前，应当说明证人和本案的关系。对证人证言笔录存在疑问、确实需要证人出庭陈述或者有新的证人的，公诉人可以要求延期审理，由人民法院通知证人到庭提供证言和接受质证。

根据案件情况，公诉人可以申请实行证人远程视频作证。

控辩双方对证人证言无异议，证人不需要出庭的，或者证人因客观原因无法出庭且无法通过视频等方式作证的，公诉人可以出示、宣读庭前收集的书面证据材料或者作证过程录音、录像。

第三十三条 公诉人申请出庭的证人当庭改变证言、被害人改变其庭前的陈述，公诉人可以询问其言词发生变化的理由，认为理由不成立的，可以择机有针对性地宣读其在侦查、审查起诉阶段的证言、陈述，或者出示、宣读其他证据，对证人、被害人进行询问，予以反驳。

第三十四条 对被害人、鉴定人、侦查人员、有专门知识的人的询问，参照适用询问证人的规定。

第三十五条 宣读被告人供述，应当根据庭审中被告人供述的情况进行。被告人有多份供述且内容基本一致的，一般选择证明力最充分的一份或者几份出示。被告人当庭供述与庭前供述的实质性内容一致的，可以不再宣读庭前供述，但应当向法庭说明；被告人当庭供述与庭前供述存在实质性差异的，公诉人应当问明理由，认为理由不成立的，应当就存在实质性差异的内容宣读庭前供述，并结合相关证据予以反驳。

第三十六条 被告人作无罪辩解或者当庭供述与庭前供述内容不一致，足以影响定罪量刑的，公诉人可以有针对性地宣读被告人庭前供述笔录，并针对笔录中被告人的供述内容对被告人进行讯问，或者出示其他证据进行证明，予以反驳，并提请法庭对其当庭供述不予采信。对翻供内容需要调查核实的，可以建议法庭休庭或者延期审理。

第三十七条 鉴定意见以及勘验、检查、辨认和侦查实验等笔录应当当庭宣读，并对鉴定人、勘验人、检查人、辨认人、侦查实验人员的身份、资质、与当事人及本案的关系作出说明，必要时提供证据予以证明。鉴定人、有专门知识的人出庭，公诉人可以根据需要对其发问。发问时适用对证人询问的相关要求。

第三十八条 播放视听资料，应当首先对视听资料的来源、制作过程、制作环境、制作人员以及所要证明的内容进行概括说明。播放一般应当连续进行，也可以根据案情分段进行，但应当保持资料原貌，不得对视听资料进行剪辑。

播放视听资料，应当向法庭提供视听资料的原始载体。提供原始载体确有困难的，可以提供复制件，但应当向法庭说明原因。

出示音频资料，也可以宣读庭前制作的附有声音资料语言内容的文字记录。

第三十九条 出示以数字化形式存储、处理、传输的电子数据证据，应当对该证据的原始存储介质、收集提取过程等予以简要说明，围绕电子数据的真实性、完整性、合法性，以及被告人的网络身份与现实身份的同一性出示证据。

第四章　质　证

第一节　质证的基本要求

第四十条　公诉人质证应当根据辩护方所出示证据的内容以及对公诉方证据提出的质疑，围绕案件事实、证据和适用法律进行。

质证应当一证一质一辩。质证阶段的辩论，一般应当围绕证据本身的真实性、关联性、合法性，针对证据能力有无以及证明力大小进行。对于证据与证据之间的关联性、证据的综合证明作用问题，一般在法庭辩论阶段予以答辩。

第四十一条　对影响定罪量刑的关键证据和控辩双方存在争议的证据，一般应当单独质证。

对控辩双方没有争议的证据，可以在庭审中简化质证。

对于被告人认罪案件，主要围绕量刑和其他有争议的问题质证，对控辩双方无异议的定罪证据，可以不再质证。

第四十二条　公诉人可以根据需要将举证质证、讯问询问结合起来，在质证阶段对辩护方观点予以适当辩驳，但应当区分质证与辩论之间的界限，重点针对证据本身的真实性、关联性、合法性进行辩驳。

第四十三条　在每一份（组）证据或者全部证据质证完毕后，公诉人可以根据具体案件情况，提请法庭对证据进行确认。

第二节　对辩护方质证的答辩

第四十四条　辩护方对公诉方当庭出示、宣读、播放的证据的真实性、关联性、合法性提出的质证意见，公诉人应当进行全面、及时和有针对性地答辩。

辩护方提出的与证据的证据能力或者证明力无关、与公诉主张无关的质证意见，公诉人可以说明理由不予答辩，并提请法庭不予采纳。

公诉人答辩一般应当在辩护方提出质证意见后立即进行。在不影响庭审效果的情况下，也可以根据需要在法庭辩论阶段结合其他证据综合发表意见，但应当向法庭说明。

第四十五条　对辩护方符合事实和法律的质证，公诉人应当实事求是、客观公正地发表意见。

辩护方因对证据内容理解有误而质证的，公诉人可以对证据情况进行简要说明。

第四十六条　公诉人对辩护方质证的答辩，应当重点针对可能动摇或者削弱证据能力、证明力的质证观点进行答辩，对于不影响证据能力、证明力的质证观点可以不予答辩或者简要答辩。

第四十七条　辩护方质疑言词证据之间存在矛盾的，公诉人可以综合全案证据，立足证据证明体系，从认知能力、与当事人的关系、客观环境等角度，进行重点答辩，合理解释证据之间的矛盾。

第四十八条　辩护人询问证人或者被害人有下列情形之一的，公诉人应当及时提请审判长制止，必要时应当提请法庭对该项陈述或者证言不予采信：

（一）以诱导方式发问的；

（二）威胁或者误导证人的；

（三）使被害人、证人以推测性、评论性、推断性意见作为陈述或者证言的；

（四）发问内容与本案事实无关的；

（五）对被害人、证人带有侮辱性发问的；

（六）其他违反法律规定的情形。

对辩护人询问侦查人员、鉴定人和有专门知识的人的质证，参照前款规定。

第四十九条　辩护方质疑证人当庭证言与庭前证言存在矛盾的，公诉人可以有针对性地对证人进行发问，也可以提请法庭决定就有异议的内容由被告人与证人进行对质诘问，在发问或对质诘问过程中，对前后矛盾或者疏漏之处作出合理解释。

第五十条　辩护方质疑被告人庭前供述系非法取得的，公诉人可以综合采取以下方式证明取证的合法性：

（一）宣读被告人在审查（决定）逮捕、审查起诉阶段的讯问笔录，证实其未曾供述过在侦查阶段受到刑讯逼供，或者证实其在侦查机关更换侦查人员且再次讯问时告知诉讼权利和认罪的法律后果后仍自愿供述，或者证实其在检察人员讯问并告知诉讼权利和认罪的法律后果后仍自愿供述；

（二）出示被告人的羁押记录，证实其接受讯问的时间、地点、次数等符合法律规定；

（三）出示被告人出入看守所的健康检查记录、医院病历，证实其体表和健康情况；

（四）出示看守管教人员的谈话记录；

（五）出示与被告人同监舍人员的证言材料；

（六）当庭播放或者庭外核实讯问被告人的录音、录像；

（七）宣读重大案件侦查终结前讯问合法性核查笔录，当庭播放或者庭外核实对讯问合法性进行核查时的录音、录像；

（八）申请侦查人员出庭说明办案情况。

公诉人当庭不能证明证据收集的合法性，需要调查核实的，可以建议法庭休庭或者延期审理。

第五十一条 辩护人质疑收集被告人供述存在程序瑕疵申请排除证据的，公诉人可以宣读侦查机关的补正说明。没有补正说明的，也可以从讯问的时间地点符合法律规定，已进行权利告知，不存在威胁、引诱、欺骗等情形，被告人多份供述内容一致，全案证据能够互相印证，被告人供述自愿性未受影响，程序瑕疵没有严重影响司法公正等方面作出合理解释。必要时，可以提请法庭播放同步录音录像，从被告人供述时情绪正常、表达流畅、能够趋利避害等方面证明庭前供述自愿性，对瑕疵证据作出合理解释。

第五十二条 辩护方质疑物证、书证的，公诉人可以宣读侦查机关收集物证、书证的补正说明，从此类证据客观、稳定、不易失真以及取证主体、程序、手段合法等方面有针对性地予以答辩。

第五十三条 辩护方质疑鉴定意见的，公诉人可以从鉴定机构和鉴定人的法定资质、检材来源、鉴定程序、鉴定意见形式要件符合法律规定等方面，有针对性地予以答辩。

第五十四条 辩护方质疑不同鉴定意见存在矛盾的，公诉人可以阐释不同鉴定意见对同一问题得出不同结论的原因，阐明检察机关综合全案情况，结合案件其他证据，采信其中一份鉴定意见的理由。必要时，可以申请鉴定人、有专门知识的人出庭。控辩双方仍存在重大分歧，且辩护方质疑有合理依据，对案件有实质性影响的，可以建议法庭休庭或者延期审理。

第五十五条 辩护方质疑勘验、检查、搜查笔录的，公诉人可以从勘验、检查、搜查系依法进行，笔录的制作符合法律规定，勘验、检查、搜查人员和见证人有签名或者盖章等方面，有针对性地予以答辩。

第五十六条 辩护方质疑辨认笔录的，公诉人可以从辨认的过程、方法，以及辨认笔录的制作符合有关规定等方面，有针对性地予以答辩。

第五十七条 辩护方质疑侦查实验笔录的，公诉人可以从侦查实验的审批、过程、方法、法律依据、技术规范或者标准、侦查实验的环境条件与原案接近程度、结论的科学性等方面，有针对性地予以答辩。

第五十八条 辩护方质疑视听资料的，公诉人可以从此类证据具有不可增添性、真实性强，内容连续完整，所反映的行为人的言语动作连贯自然，提取、复制、制作过程合法，内容与案件事实关联程度等方面，有针对性地予以答辩。

第五十九条 辩护方质疑电子数据的，公诉人可以从此类证据提取、复制、制作过程、内容与案件事实关联程度等方面，有针对性地予以答辩。

第六十条 辩护方质疑采取技术侦查措施获取的证据材料合法性的，公诉人可以通过说明采取技术侦查措施的法律规定、出示批准采取技术侦查措施的法律文书等方式，有针对性地予以答辩。

第六十一条 辩护方在庭前提出排除非法证据申请，经审查被驳回后，在庭审中再次提出排除申请的，或者辩护方撤回申请后再次对有关证据提出排除申请的，公诉人应当审查辩护方是否提出新的线索或者材料。没有新的线索或者材料表明可能存在非法取证的，公诉人可以建议法庭予以驳回。

第六十二条 辩护人仅采用部分证据或者证据的部分内容，对证据证明的事项发表不同意见的，公诉人可以立足证据认定的全面性、同一性原则，综合全案证据予以答辩。必要时，可以扼要概述已经法庭质证过的其他证据，用以反驳辩护方的质疑。

第六十三条 对单个证据质证的同时，公诉人可以简单点明该证据与其他证据的印证情况，以及在整个证据链条中的作用，通过边质证边论证的方式，使案件事实逐渐清晰，减轻辩论环节综合分析论证的任务。

第三节　对辩护方证据的质证

第六十四条　公诉人应当认真审查辩护方向法庭提交的证据。对于开庭五日前未提交给法庭的，可以当庭指出，并根据情况，决定是否要求查阅该证据或者建议休庭；属于下列情况的，可以提请法庭不予采信：

（一）不符合证据的真实性、关联性、合法性要求的证据；

（二）辩护人提供的证据明显有悖常理的；

（三）其他需要提请法庭不予采信的情况。

对辩护方提出的无罪证据，公诉人应当本着实事求是、客观公正的原则进行质证。对于与案件事实不符的证据，公诉人应当针对辩护方证据的真实性、关联性、合法性提出质疑，否定证据的证明力。

对被告人的定罪、量刑有重大影响的证据，当庭难以判断的，公诉人可以建议法庭休庭或者延期审理。

第六十五条　对辩护方提请出庭的证人，公诉人可以从以下方面进行质证：

（一）证人与案件当事人、案件处理结果有无利害关系；

（二）证人的年龄、认知、记忆和表达能力、生理和精神状态是否影响作证；

（三）证言的内容及其来源；

（四）证言的内容是否为证人直接感知，证人感知案件事实时的环境、条件和精神状态；

（五）证人作证是否受到外界的干扰或者影响；

（六）证人与案件事实的关系；

（七）证言前后是否矛盾；

（八）证言之间以及与其他证据之间能否相互印证，有无矛盾。

第六十六条　辩护方证人未出庭的，公诉人认为其证言对案件的定罪量刑有重大影响的，可以提请法庭通知其出庭。

对辩护方证人不出庭的，公诉人可以从取证主体合法性、取证是否征得证人同意、是否告知证人权利义务、询问未成年人时其法定代理人或者有关人员是否到场、是否单独询问证人等方面质证。质证中可以将证言与已经出示的证据材料进行对比分析，发现并反驳前后矛盾且不能作出合理解释的证人证言。

证人证言前后矛盾或者与案件事实无关的，应当提请法庭注意。

第六十七条 对辩护方出示的鉴定意见和提请出庭的鉴定人，公诉人可以从以下方面进行质证：

（一）鉴定机构和鉴定人是否具有法定资质；

（二）鉴定人是否存在应当回避的情形；

（三）检材的来源、取得、保管、送检是否符合法律和有关规定，与相关提取笔录、扣押物品清单等记载的内容是否相符，检材是否充足、可靠；

（四）鉴定意见的形式要件是否完备，是否注明提起鉴定的事由、鉴定委托人、鉴定机构、鉴定要求、鉴定过程、鉴定方法、鉴定日期等相关内容，是否由鉴定机构加盖司法鉴定专用章并由鉴定人签名、盖章；

（五）鉴定程序是否符合法律和有关规定；

（六）鉴定的过程和方法是否符合相关专业的规范要求；

（七）鉴定意见是否明确；

（八）鉴定意见与案件待证事实有无关联；

（九）鉴定意见与勘验、检查笔录及相关照片等其他证据是否矛盾；

（十）鉴定意见是否依法及时告知相关人员，当事人对鉴定意见有无异议。

必要时，公诉人可以申请法庭通知有专门知识的人出庭，对辩护方出示的鉴定意见进行必要的解释说明。

第六十八条 对辩护方出示的物证、书证，公诉人可以从以下方面进行质证：

（一）物证、书证是否为原物、原件；

（二）物证的照片、录像、复制品，是否与原物核对无误；

（三）书证的副本、复制件，是否与原件核对无误；

（四）物证、书证的收集程序、方式是否符合法律和有关规定；

（五）物证、书证在收集、保管、鉴定过程中是否受损或者改变；

（六）物证、书证与案件事实有无关联。

第六十九条 对辩护方出示的视听资料，公诉人可以从以下方面进行质证：

（一）收集过程是否合法，来源及制作目的是否清楚；

（二）是否为原件，是复制件的，是否有复制说明；

（三）制作过程中是否存在威胁、引诱当事人等违反法律、相关规定的情形；

（四）内容和制作过程是否真实，有无剪辑、增加、删改等情形；

（五）内容与案件事实有无关联。

第七十条 对辩护方出示的电子数据，公诉人可以从以下方面进行质证：

（一）是否随原始存储介质移送，在原始存储介质无法封存、不便移动等情形时，是否有提取、复制过程的说明；

（二）收集程序、方式是否符合法律及有关技术规范；

（三）电子数据内容是否真实，有无删除、修改、增加等情形；

（四）电子数据制作过程中是否受到暴力胁迫或者引诱因素的影响；

（五）电子数据与案件事实有无关联。

第七十一条 对于因专门性问题不能对有关证据发表质证意见的，可以建议休庭，向有专门知识的人咨询意见。必要时，可以建议延期审理，进行鉴定或者重新鉴定。

第四节 法庭对质

第七十二条 控辩双方针对同一事实出示的证据出现矛盾的，公诉人可以提请法庭通知相关人员到庭对质。

第七十三条 被告人、证人对同一事实的陈述存在矛盾需要对质的，公诉人可以建议法庭传唤有关被告人、证人同时到庭对质。

各被告人之间对同一事实的供述存在矛盾需要对质的，公诉人可以在被告人全部陈述完毕后，建议法庭当庭进行对质。

第七十四条 辩护方质疑物证、书证、鉴定意见、勘验、检查、搜查、辨认、侦查实验等笔录、视听资料、电子数据的，必要时，公诉人可以提请法庭通知鉴定人、有专门知识的人、侦查人员、见证人等出庭。

辩护方质疑采取技术侦查措施获取的证据材料合法性的，必要时，公诉人可以建议法庭采取不暴露有关人员身份、不公开技术侦查措施和方法等保护措施，在庭外对证据进行核实，并要求在场人员履行保密义务。

对辩护方出示的鉴定意见等技术性证据和提请出庭的鉴定人，必要时，公诉人可以提请法庭通知有专门知识的人出庭，与辩护方提请出庭的鉴定人对质。

第七十五条 在对质过程中，公诉人应当重点就证据之间的矛盾点进行发问，并适时运用其他证据指出不真实、不客观、有矛盾的证据材料。

第五章 附 则

第七十六条 本指引主要适用于人民检察院派员出庭支持公诉的第一审非速裁程序案件。对于派员出席第二审、再审案件法庭的举证、质证工作，可以参考本指引。

第七十七条 本指引自印发之日起施行。

[规章性文件]

全国“扫黄打非”工作小组办公室　工业和信息化部
公安部　文化和旅游部　国家广播电视总局
国家互联网信息办公室

关于加强网络直播服务管理工作的通知

（2018 年 8 月 1 日）

各省、自治区、直辖市“扫黄打非”工作领导小组办公室、通信管理局、公安厅（局）、文化厅（局）、新闻出版广电局、网信办：

近年来，针对从事网络直播业务的互联网信息服务（以下简称“网络直播服务”）提供者传播淫秽色情信息现象多发的问题，有关部门不断加大工作力度，查处、打击一批违法违规企业。目前，通过网络直播服务传播淫秽色情和低俗信息问题得到了初步遏制，企业履行主体责任的意识、能力有所加强，但仍有部分未经许可非法上线的网络直播服务提供者传播有害信息，社会危害较大，群众反映强烈。为落实《互联网信息服务管理办法》《非经营性互联网信息服务备案管理办法》《电信业务经营许可管理办法》《互联网直播服务管理规定》《网络表演经营活动管理办法》《关于加强网络视听节目直播服务管理有关问题的通知》等相关规定要求，进一步清朗网络空间，现就加强网络直播服务管理工作通知如下。

一、加强网络直播服务许可和备案管理工作。网络直播服务提供者应依法向电信主管部门履行网站 ICP 备案手续，涉及经营电信业务及互联网新闻信息、网络表演、网络视听节目直播等业务的网络直播服务提供者应当分别向相关部门申请取得电信业务经营、互联网新闻信息服务、网络文化经营、信息网络传播视听节目等许可，并于直播服务上线30日内按照有关规定到属地公安机关履行公安备案手续。

互联网接入服务业务、互联网数据中心业务、内容分发网络业务（以下简称“网络接入服务”）提供者不得为未履行ICP备案手续、未取得相关业务许可的网络直播服务提供者提供网络接入服务。

移动智能终端应用软件分发平台（以下简称“应用商店”）不得为未履行ICP备案手续、未取得相关业务许可的网络直播服务提供者提供移动智能终端应用软件（以下简称“APP”）分发服务。

二、强化网络直播服务基础管理工作。各网络接入服务提供者应按照要求通过“工业和信息化部ICP/IP地址/域名信息备案管理系统”向各地通信管理局报送网络直播服务提供者ICP、IP地址、域名等信息。

有关部门将建立违法网络直播服务提供者黑名单，网络接入服务提供者应核验网络直播服务提供者的ICP、IP地址和域名信息，不得为信息不一致、黑名单中的网络直播服务网站、APP提供网络接入服务。

应用商店不得为黑名单中的网络直播服务APP提供分发服务。

各网络直播服务提供者应按照要求落实用户实名制度，加强网络主播管理，建立主播黑名单制度，健全完善直播内容监看、审查制度和违法有害内容处置措施。

三、组织开展存量违规网络直播服务清理工作。网络接入服务提供者、应用商店应立即进行全面清查，要求未提供ICP备案手续或者相关业务许可材料的网络直播服务提供者在两个月内补充相关材料，两个月后仍然无法提供相关材料的应停止服务，对拒绝提供相关材料的网络直播服务提供者应立即停止服务。

四、建立健全网络直播服务监管工作机制。网络直播服务提供者应严格按照许可范围开展业务，不得利用直播服务制作、复制、发布、传播法律法规禁止的信息内容。

网络接入服务提供者应按照要求建立内容审核、信息过滤、投诉举报处理等相关制度，建立7×24小时应急响应机制，加强技术管控手段建设，按照要求处置网络直播中的违法违规行为。

网络直播服务提供者应当按照有关法律法规要求，记录直播服务使用者发布内容和日志信息并保存一定期限，对自己不具备存储能力且不购买存储服务的网络直播服务提供者，网络接入服务提供者不得提供服务。网络接入服务提供者、网络直播服务提供者应当依法配合有关部门的监督检查、调查取证，并提供必要的文件、资料和数据。

五、网络接入服务提供者、应用商店未尽到许可、备案手续审核及监管义务造成有害信息传播的，由有关主管部门按照相关法律法规予以查处。

［地方司法业务文件］

河北省高级人民法院　河北省人民检察院　河北省公安厅

关于印发《关于办理拒不执行判决、裁定刑事案件若干问题的指导意见（试行）》的通知

2018 年 10 月 23 日

全省各级人民法院，人民检察院，公安厅（局）：

现将《关于办理拒不执行判决、裁定刑事案件若干问题的指导意见（试行）》印发给你们，请遵照执行，执行中发现新情况新问题，请分别报告省高级人民法院、省人民检察院、省公安厅。

附：

关于办理拒不执行判决、裁定刑事案件若干问题 的指导意见（试行）

为依法及时有效打击拒不执行判决、裁定犯罪，维护司法权威和法律严肃性，保障当事人的合法权益，依据《中华人民共和国刑法》、《中华人民共和国刑事诉讼法》、全国人大常委会《关于刑法第三百一十三条的解释》、最高人民法院《关于审理拒不执行判决、裁定刑事案件适用法律若干问题的解释》

等规定，结合我省实际，制定本意见。

第一条【基本原则】人民法院、人民检察院和公安机关在办理拒不执行判决、裁定刑事案件过程中，应当分工负责、互相配合、互相制约，应当建立、健全有效沟通机制，确保正确执行法律。

第二条【相关解释】刑法第三百一十三条规定的“人民法院的判决、裁定”是指：人民法院依法作出的具有执行内容并已发生法律效力的判决、裁定。人民法院为依法执行支付令、生效的调解书、仲裁裁决、公证债权文书等所作的裁定属于该条规定的裁定。

第三条【适用条件】有下列情形之一的，应认定为属于“有能力执行而拒不执行，情节严重的”情形：

（一）被执行人隐藏、转移、故意毁损财产或者无偿转让财产、以明显不合理的低价转让财产，致使判决、裁定无法执行的；

（二）担保人或者被执行人隐藏、转移、故意毁损或者转让已向人民法院提供担保的财产，致使判决、裁定无法执行的；

（三）协助执行义务人接到人民法院协助执行通知书后，拒不协助执行，致使判决、裁定无法执行的；

（四）被执行人、担保人、协助执行义务人与国家机关工作人员通谋，利用国家机关工作人员的职权妨害执行，致使判决、裁定无法执行的；

（五）负有执行义务的人具有拒绝报告或者虚假报告财产情况、违反人民法院限制高消费及有关消费令等拒不执行行为，经

采取罚款或者拘留等强制措施后仍拒不执行的；

（六）负有执行义务的人伪造、毁灭有关被执行人履行能力的重要证据，以暴力、威胁、贿买方法阻止他人作证或者指使、贿买、胁迫他人作伪证，妨碍人民法院查明被执行人财产情况，致使判决、裁定无法执行的；

（七）负有执行义务的人拒不交付法律文书指定交付的财物、

票证或者拒不迁出房屋、退出土地，致使判决、裁定无法执行的；

（八）负有执行义务的人与他人串通，通过虚假诉讼、虚假

仲裁、虚假和解等方式妨碍执行，致使判决、裁定无法执行的；

（九）负有执行义务的人以暴力、威胁方法阻碍执行人员进

入执行现场或者聚众哄闹、冲击执行现场，致使执行工作无法进行的；

（十）负有执行义务的人对执行人员进行侮辱、围攻、扣押、殴打，致使

执行工作无法进行的；

（十一）负有执行义务的人毁损、抢夺执行案件材料、执行公务车辆和其他执行器械、执行人员服装以及执行公务证件，致使执行工作无法进行的；

（十二）负有执行义务的人拒不执行法院判决、裁定，致使债权人遭受重大损失的。

第四条【转让价格的认定】 第三条第（一）项“被执行人隐藏、转移、故意毁损财产或无偿转让财产、以明显不合理的低价转让财产，致使判决、裁定无法执行的”，其中“明显不合理的低价”一般指转让价格达不到交易时交易地的指导价或者市场交易价百分之七十。

第五条【具体适用情形】 具有以下情形之一的，可以认定为第三条规定的“致使判决、裁定无法执行的”：

（一）致使无法执行的金额个人达 2 万元以上，单位达 15 万元以上，且超过执行标的额 10% 的；

（二）致使被执行人、担保人仅有的可供执行的财产无法执行的；

（三）被执行人、担保人、协助执行义务人故意毁损、隐藏、转移或转让生效法律文书指定交付的特定物，致使特定物交付不能且价值无法弥补，造成权利人重大经济损失或其他严重后果的；

（四）被执行人、担保人、协助执行人故意毁损、隐藏、转移财产性权利凭证、财务账册或不履行法定工作职责、业务经营范围内的工作职责等，造成权利人重大经济损失或其他严重后果的。

第六条【拒不支付劳动报酬情形】 拒不支付劳动报酬的被执行人、协助执行人隐藏、转移、故意毁损或者无偿转让财产额，担保人转让或者以虚假诉讼、虚假仲裁、虚假和解方式转移已向人民法院提供担保的财产额达到 8 千元，致使判决、裁定无法执行的，可以认定为属于“有能力执行而拒不执行，情节严重”。拒不支付赡养费、抚养费、抚育费、抚恤金、医疗费用的可以参照前款标准执行。

第七条【重大损失的认定】 第三条第（十二）项“拒不执行法院判决、裁定，致使债权人遭受重大损失”中规定的“重大损失”，应当指直接损失，包括以下情形：

（一）追索赡养费、抚养费、抚育费的申请执行人因被执行人、担保人、协助执行义务人的拒不执行行为导致申请执行人身体健康遭受轻伤以上伤害后果或总额3万元以上直接经济损失的；

（二）致使权利人丧失竞争优势，停产、倒闭或破产的；

（三）其他致使债权人遭受重大损失的情形。

第八条【一般管辖】拒不执行判决、裁定刑事案件一般由犯罪地公安机关立案侦查、人民检察院审查起诉、人民法院进行审判。犯罪地包括犯罪行为发生地和犯罪结果发生地。

第九条【管辖协商】对于管辖确定，公安机关、人民检察院、人民法院存在意见分歧的，可以报请各自的上级机关协商解决。被执行人在两个或者两个以上法院被执行的，拒不执行判决、裁定刑事案件如果发生管辖争议，依照刑事诉讼法的相关规定办理。

第十条【单位犯罪】负有执行义务的单位直接负责的主管人员和其他直接责任人员，为了本单位的利益有能力执行而拒不执行判决、裁定，情节严重的，对该单位及其直接负责的主管人员和其他直接责任人员，依照刑法第三百一十三条定罪处罚。

第十一条【特殊主体】国家机关工作人员实施第三条第（四）项行为的，以拒不执行判决、裁定罪的共犯追究刑事责任。

国家机关工作人员收受贿赂或者滥用职权，有第三条第（四）项行为，同时又构成刑法第三百八十五条、第三百九十七条规定之罪的，依照处罚较重的规定定罪处罚。

第十二条【证据收集】人民法院、人民检察院、公安机关在办理拒不执行判决、裁定犯罪案件时应当注意相关证据材料的收集、审查、固定、保存。

第十三条【定罪证据】犯罪嫌疑人或被告人构成拒不执行判决、裁定罪的证据材料，包括：

（一）犯罪嫌疑人或被告人主体信息证据材料；

（二）犯罪嫌疑人或被告人负有执行义务的证据材料；

（三）犯罪嫌疑人或被告人有能力执行的证据材料；

（四）犯罪嫌疑人或被告人拒不执行或妨害执行判决、裁定的证据材料；

（五）其他相关证据材料。

上述材料中的书证应当提供正本或原件，如正本或原件确实无法取得的，提供副本或复印件。副本或复印件上须注明原件所在地、提供人，并加盖原件所在单位和提供人员的单位印章。

第十四条【主体信息证据】收集证明犯罪嫌疑人或被告人主体信息的证据材料，包括：犯罪嫌疑人或被告人为自然人的，应收集证明被告人身份情况的户籍资料。户籍资料应当由公安机关加盖印章。犯罪嫌疑人或被告人为外国人包括多国籍人、无国籍人的，应收集其入境时所持有的有效护照或其他有效证件。无护照或有效证件的，公安机关应会同外事部门审查确认。无法查明的，视为无国籍人（在裁判文书上写明“国籍不明”）。犯罪嫌疑人或被告人为港澳台地区人员、华侨的，应收集被告人入境时所持有的有效证件、在国内的有效证件或者相关部门出具的证明。对港、澳地区人员，还要确认其是在港、澳定居的中国公民还是外国公民。犯罪嫌疑人或被告人为单位的，除应收集该单位的工商登记资料外，还应收集该单位主管人员或直接负责人员的户籍资料、职务及职责范围的材料等。

第十五条【负有执行义务的证据】收集证明负有执行义务或协助执行义务的证据材料，包括：

（一）人民法院作出的由义务人承担履行义务的生效裁判文书（包括一、二审或再审判决书、裁定书，诉前保全裁定书，诉讼保全裁定书，先予执行裁定书，追加、变更被执行人裁定书等）及人民法院为了执行生效裁判文书而作出的执行通知书等法律文书；

（二）负有执行义务人为协助执行义务人的，应当提供作为协助执行依据的相关生效裁判文书、人民法院作出的协助执行通知书及证明协助执行人应当承担协助执行义务的其他证据材料；

（三）对于执行支付令、生效的调解书、仲裁裁决、公证债权文书的案件，应当提供支付令、生效的调解书、仲裁裁决、公证债权文书以及人民法院为执行支付令、生效的调解书、仲裁裁决、公证债权文书而作出的裁定书等。

第十六条【有能力执行的证据】收集证明有能力执行的证据材料，包括：

（一）证明负有执行义务人具备清偿判决、裁定确定债权的全部或者一部分财产的有关证据材料；或者有能力以自己的行为或者委托他人在判决、裁定确定期间内完成判决、裁定确定应履行的行为义务的证据材料。包括：

1. 人民法院为调查被执行人、担保人财产情况而出具的搜查令及相关笔录；

2. 人民法院查封、扣押、冻结被执行人、担保人财产而出具的裁定书、协助执行通知书及查封公告，查封、扣押、冻结物品清单等；

3. 人民法院查询被执行人、担保人存款、股权等通知书及回执；

4. 被执行人、担保人不动产、车辆登记情况记录；

5. 根据《中华人民共和国民事诉讼法》第二百四十一条的规定，被执行人向法院提交的财产情况报告；

6. 对被执行人采取限制高消费、边境控制措施以及信用惩戒措施的相关法律文书；

7. 其他能够证实被执行人、担保人具有执行能力的证人证言、文件、查询记录等。

（二）证明属于协助执行人的工作职责、业务范围或者协助

执行人持有、控制判决、裁定指定交付的财产、财产权证或者其他物品的证据材料。包括：相关工商登记材料、相关机构出具的证明文件，财产被查封、扣押、冻结或委托保管的相关文书，其他相关笔录、登记文件、查询记录等。

第十七条【拒不执行或妨害执行的证据】收集证明拒不执行判决、裁定或妨害执行的证据材料，包括：

（一）证明被执行人隐藏、转移、故意毁损财产或者无偿转让财产、以明显不合理的低价转让财产的证据材料或担保人隐藏、转移、故意毁损或者转让已向人民法院提供的财产的证据材料，包括相关的笔录、证人证言、银行存款查询记录、交易记录、财产过户登记等；

（二）证明协助执行义务人接到人民法院协助执行通知书后，拒不协助执行的证据，包括相关协助执行通知书、送达回证、调查笔录、证人证言及证明协助执行义务人拒不协助执行的其他证据材料；

（三）证明被执行人、担保人、协助执行义务人与国家机关工作人员通谋，利用国家机关工作人员的职权妨害执行的证据材料。包括证明国家机关工作人员职权范围的证据材料；证明被执行人、担保人、协助执行义务人与国家机关工作人员通谋的证据材料；证明国家机关工作人员利用职务便利妨害执行的证据材料；

（四）证明因妨害执行或因拒绝报告、虚假报告财产状况、违反人民法院限制高消费令等已被人民法院采取民事制裁措施的证据材料，包括人民法院出具的罚款决定书、拘留决定书、拘传票及其他证明被告人因妨害执行被采取民事强制措施的证明材料等；

（五）证明以暴力、威胁、聚众等方式阻碍执行或者对执行人员进行侮辱、围攻、扣押、殴打或者毁损、抢夺执行器械、材料的证据材料，包括现场照片、录音录像、证人证言等；

（六）证明拒不交付法律文书指定交付的财物、票证或者拒不迁出房屋、退出土地的证据材料，包括证明负有执行义务的人占有财物、票证的证据，在房屋、土地上工作、生活、活动的证据材料等；

（七）证明与他人串通，通过虚假诉讼、虚假仲裁、虚假和解等方式妨害执行的证据材料，包括虚假诉讼、仲裁、和解的判决书、裁定书、仲裁裁决、和解协议，相关证人的证言，履行虚假判决、裁定、仲裁裁决、和解协议的证明材料等；

（八）其他证明犯罪嫌疑人或被告人拒不执行判决、裁定或妨害执行的证据材料。

第十八条【强制措施】人民法院在执行过程中对正在发生的以暴力、威胁方法妨害或者抗拒执行的行为，应当及时报警。公安机关在接到报警后，应当立即出警，并尽快采取必要强制措施负有执行义务人拒不执行判决、裁定的，人民法院可以先行决定司法拘留。行为人逃匿，需要公安机关协助查找的，人民法院应将被决定司法拘留的相关材料移交公安机关，提供执行法院信息，案件承办人姓名及联系电话；公安机关及派出机构在日常执法过程中发现上述人员时，应及时通知人民法院。采取司法拘留措施后，人民法院执行机构经过审查认为需要依法追究行为人刑事责任的，应当在司法拘留期限届满前3日内移送公安机关立案侦查。侦查过程中或者审查起诉过程中，犯罪嫌疑人自动履行或者协助执行判决、裁定，确有悔改表现且未造成其他严重后果的，人民检察院可以作出不起诉的决定，或者向人民法院提出从宽处罚的建议。

第十九条【案件移送】人民法院在执行判决、裁定过程中，发现涉拒不执行判决、裁定犯罪的，应当向有管辖权的公安机关移送犯罪线索，必要时可以先采取紧急措施，然后移送公安机关。人民法院移送犯罪线索的，应当参照本指导意见规定同时移送相关证据等材料。公安机关经审查认为符合立案条件的，应当立案侦查，并将立案情况告知人民法院。公安机关不予立案的，应当退回移送的材料。人民检察院在工作中，发现执行义务人涉嫌拒不执行判决、裁定犯罪的，应当及时将案件线索和相关证据材料移送公安机关，并依法进行立案监督。

第二十条【立案反馈】对人民法院移送的拒不执行判决、裁定刑事案件的犯罪线索，公安机关经过审查认为有犯罪事实需要追究刑事责任，符合刑事诉讼法规定的立案条件的，应当7日内作出立案决定并书面通知人民法院，并在侦查期限内尽快侦查终结；对于证据材料不齐全的，公安机关应当在24小时内告知移送人民法院，移送人民法院应当在3日内按要求补齐相关证据；认为不符合立案条件或者决定撤销案件的，应当在收到人民法院移送的犯罪线索或者撤销案件之日起3日内，书面说明不立案的理由，并将不予立案通知书送达移送案件的人民法院。人民法院认为接受移送的公安机关应当立案而不立案的，可以在收到不予立案通知书之日起7日内向人民检察院建议予以监督；人民检察院应当在7日内进行审查，认为公安机关存在应当立案而不立案情况的，应当要求公安机关说明不立案理由。人民检察院认为公安机关不立案理由不能成立的，应当通知公安机关立案；公安机关在收到通知书后，应当在15日内立案，并将立案决定书送达人民检察院。

第二十一条【案件侦查】公安机关立案后，应当依照刑事诉讼法的有关规定，开展侦查工作，对人民法院移送的材料中不符合刑事诉讼法规定的证据形式的，应当进行转化，包括讯问犯罪嫌疑人、重新调查、核实相关证据等。需要人民法院配合的，人民法院应当积极配合公安机关调查取证。公安机关立案后对在逃的拒不执行判决、裁定案犯罪嫌疑人，应当及时办理相关追逃手续。

第二十二条【提起公诉】对公安机关提请批准逮捕的拒不执行判决、裁定刑事案件，人民检察院应当在法定期限内及时作出决定；对于公安机关侦查终结后移送审查起诉的拒不执行判决、裁定刑事案件，符合起诉条件的，人民检察院应当在法定的期限内及时提起公诉人民检察院决定不起诉，公安机关认为不起诉决定有错误的，可以要求复议。如果意见不被接受，可以向上一级人民检察院提请复核。

第二十三条【控告和监督】对于申请执行人向公安机关提出控告要求追究负有执行义务的人拒不执行判决、裁定犯罪，而公安机关认为不符合立案条件的，应当向申请执行人出具不予立案通知书，申请执行人认为公安机关对应当立案侦查的案件而不立案侦查，向人民检察院提出的，人民检察院应当依照刑事诉讼法相关规定进行立案监督。

第二十四条【自诉权利告知】人民法院以涉嫌拒不执行判决、裁定犯罪向公安机关移送的案件，具有下列情形之一的，告知申请执行人其有权向人民法院提起自诉：

（一）公安机关作出不予立案决定并退回法院的；

（二）公安机关侦查结束移送人民检察院，人民检察院作出不起诉决定的。公安机关、人民检察院不予追究刑事责任，申请执行人坚持要追究刑事责任的，人民检察院和公安机关应当告知申请执行人有依法提起刑事自诉的诉讼权利。

第二十五条【自诉适用条件】申请执行人向人民法院提起涉嫌拒不执行判决、裁定犯罪自诉的，应具备下列条件：

（一）负有执行义务的人拒不执行判决、裁定，侵犯了申请执行人的人身、财产权利，应当依法追究刑事责任的；

（二）申请执行人曾经提出控告，而公安机关或者人民检察院对负有执行义务的人不予追究刑事责任，作出《不予立案通知书》或《不起诉决定书》的。申请执行人向公安机关控告负有执行义务的人涉嫌拒不执行判决、裁定罪，公安机关不予接受控告材料或者在接受材料后60日内不予书面答复，申请执行人有证据证明该拒不执行判决、裁定行为侵犯了其人身、财产权利，应当依法追究刑事责任的，人民法院可以以自诉案件立案审理。

第二十六条【自诉提交材料】申请执行人提起涉嫌拒不执行判决、裁定罪自诉时，应提供以下材料：

（一）证明自诉人身份的证明材料。自诉人的法定代理人、近亲属告诉或者代为告诉，应当提供与自诉人关系的证明材料和自诉人不能亲自告诉的证明材料；

（二）已生效的执行依据；

（三）执行机构提供的犯罪嫌疑人负有执行义务、有能力执行而拒不执行的生效法律文书、执行情况说明等其他证据材料；

（四）公安机关或者人民检察院出具的《不予立案通知书》或《不起诉决定书》。申请执行人提起刑事自诉，需要从执行卷宗内复制、摘抄相关材料的，人民法院执行部门应当提供便利，允许申请执行人复制、摘抄被执行人拒不执行判决、裁定行为的相关材料。涉密涉个人隐私的材料不得允许申请执行人复制、摘抄，但应告知其可以申请相关单位或部门调取证据材料。

第二十七条【自诉立案】申请执行人提起刑事自诉的，应当提交符合法律规定的诉状和证据材料。立案部门应当接收诉状，出具书面凭证并注明收到日期。对符合法律规定的自诉，应当当场予以登记立案；对不符合法律规定的起诉，应当予以释明。申请执行人提交的诉状和材料不符合要求的，立案部门应当一次性书面告知其在指定期限内补正。申请执行人在指定期限内没有补正的，由立案部门退回诉状并记录在册。申请执行人坚持自诉的，立案部门裁定不予受理；申请执行人经补正仍不符合要求的，由立案部门裁定不予受理。对被告人死亡或下落不明的，应当说服自诉人撤回起诉；自诉人不撤回起诉的，应当由立案部门裁定不予受理。对申请执行人提出刑事自诉，立案部门当场不能判定是否符合法律规定的，应当自收到诉状次日起 15 日内决定是否立案。对已经立案，经审查缺乏犯罪证据的自诉案件，告知自诉人补充证据；自诉人提不出补充证据，人民法院应当说服自诉人撤回起诉或者裁定驳回起诉；自诉人撤回起诉或者被驳回起诉后，又提出了足以证明被告人有罪的新证据，再次提起自诉的，人民法院应当受理。自诉人对不予受理或者驳回起诉的裁定不服的，可以提起上诉。

第二十八条【自诉管辖】基层人民法院执行案件中的拒不执行判决、裁定罪自诉案件一般由执行地法院受理，中级、高级人民法院执行案件中的拒不执行判决、裁定罪自诉案件由其所在地基层人民法院受理。委托执行案件、指定执行案件如果由委托执行、指定执行法院管辖更为适宜的也可以由委托执行、指定执行法院管辖。因自诉案件管辖发生争议的，可以由上一级法院指定管辖。

第二十九条【自诉审理】自诉案件审理期间，自诉人因客观原因不能取得证据的，可以申请人民法院调取，但应当说明理由，并提供相关线索或者材料。人民法院认为理由成立的，应当及时调取。在判决宣告前，自诉案件的当事人可以自行和解，自诉人可以撤回自诉。被告人在自诉案件审理期间下落不明的，应当裁定中止审理。被告人到案后，应当恢复审理。

第三十条【审查惩戒】对经依法传唤拒不到庭的被告人，人民法院可以决定拘传。被告单位的法定代表人或者主要负责人担任诉讼代表人，无正当理由拒不出庭的，可以拘传。拘传由人民法院司法警察执行。被告人在自诉案件审理期间经依法传唤拒不到庭的，符合逮捕法定条件的应当决定逮捕。被告人在自诉案件审理期间，符合法律规定的取保候审、监视居住条件的，人民法院可以决定对被告人采取取保候审或监视居住措施。审理过程中，人民法院对被告人作出的取保候审、监视居住、逮捕决定，由公安机关执行。裁定准许撤诉或者当事人自行和解的自诉案件，被告人被采取强制措施的，应当立即解除。

第三十一条【量刑情节】人民法院作出一审判决前，被告人自动履行、与申请执行人达成执行和解协议并履行完毕或者部分履行，或者协助执行判决、裁定，确有悔改表现的，可以酌情从宽处罚。自诉案件被告人在一审判决宣告前，履行全部或主要执行义务的，人民法院也可以说服自诉人撤回起诉。拒不执行支付赡养费、扶养费、抚育费、抚恤金、医疗费用、劳动报酬等判决、裁定的，可以酌情从重处罚。

第三十二条【协调机制】对于人民法院移送的构成拒不执行人民法院判决、裁定罪的案件，公安机关、人民检察院、人民法院应当及时侦查、起诉和审判。人民法院对人民检察院提起公诉的涉嫌拒不执行判决、裁定罪刑事案件，应当及时向人民检察院和公安机关送达裁判文书。公安机关、人民检察院、人民法院因处理意见分歧发生争议，经协调仍未达成一致意见的，可以报请各自上级机关共同协调处理。

第三十三条【案件磋商通报】各级人民法院、人民检察院和公安机关建立专项联络机制。公安机关的侦查和法制部门、人民检察院的侦查监督和公诉部门、人民法院的立案执行和刑事审判部门可以采取定期或不定期召开联席会的形式，做好沟通协调、案例研判、信息采集和数据统计等工作，研究新情况、解决新问题。人民法院内部立案部门对不符合法律规定的刑事自诉案件，裁定或决定不予受理、不予立案前应当与执行部门作必要通报。刑事审判部门作出判决前可以与执行部门作必要通报。立案法院与执行法院为不同法院的，立案法院作出裁定或决定不予受理、不予立案前也应当与执行法院作必要通报。审判法院与执行法院为不同法院的，审判法院作出判决前可以与执行法院作必要通报。

第三十四条【责任追究】人民法院、人民检察院、公安机关工作人员在办理拒不执行判决、裁定刑事案件过程中，消极怠于履行法定职责，造成严重后果的，应当依纪依法追究责任。

第三十五条【附则】本意见自下发之日起试行。试行前省高级人民法院、省人民检察院、省公安厅联合发布的相关规定与本意见不一致的，以本意见为准。最高人民法院、最高人民检察院、公安部有新规定的，按照新规定执行。

浙江省高级人民法院　浙江省人民检察院　浙江省公安厅

关于印发《电信网络诈骗犯罪案件证据收集审查判断工作指引》的通知

2018年9月14日　　　　浙检发诉三字〔2018〕6号

本省各级人民法院、人民检察院、公安局（分局）：

现将《电信网络诈骗犯罪案件证据收集审查判断工作指引》印发给你们，请遵照执行。如执行中遇到问题，请分别及时报告省高级法院、省检察院、省公安厅。

附：

电信网络诈骗犯罪案件证据收集审查判断工作指引

为提高电信网络诈骗犯罪案件办案质量，根据相关法律及司法解释规定，结合我省实际，制定本指引。

一、一般规定

第一条　本指引所称的电信网络诈骗犯罪，是指犯罪分子以电信通讯、互联网络等技术手段为传播方式或媒介，对被害人发布虚假信息或设置骗局，诱使被害人给付钱财或网络转账而遭受损失的犯罪行为。

第二条　证明电信网络诈骗犯罪嫌疑人、被告人身份情况的证据除身份证，户籍证明等材料外，还应当调取犯罪嫌疑人、被告人的虚拟身份信息，包括网络注册信息身份认证信息、网络社区登录密码等。

第三条 认定犯罪嫌疑人、被告人网络身份与现实身份的同一性，可通过核查相关IP地址、网络活动记录、上网终端归属、相关证人证言以及犯罪嫌疑人、被告人供述和辩解等进行综合判断。

第四条 认定电信网络诈骗犯罪主观故意的主要证据是书证、电子证据、证人证言、犯罪嫌疑人、被告人的供述和辩解及其他有助于判断主观故意的材料。

第五条 电信网络诈骗犯罪主观故意中的“明知”是指行为人知道或应当知道其实施的行为系诈骗犯罪。具有下列身份或行为已被查证属实，且犯罪嫌疑人、被告人不能作出合理解释，可以认定其主观故意为“明知”，确有证据证明犯罪嫌疑人、被告人不知道其行为系诈骗除外：

（一）行为人系诈骗团伙发起股东、业务主管或小组长的；

（二）行为人系诈骗软件、网站、支付链接的研发、销售提供者、技术支持者或维护者，诈骗话术剧本编写者或诈骗技能培训者

（三）行为人具有电信网络诈骗前科劣迹的；

（四）拨打电话时冒充国家工作人员、企事业单位人员等非真实身份的；

（五）将电话号码使用改号软件进行更改后拨打电话的；（六）现场查扣到伪基站、改号软件等诈骗设备或工具，或查扣到超过正常数量的非本人名下通讯工具、手机卡或资金支付结算账户，银行卡的；

（七）在行为人实际控制的车辆、住所或随身查获正在发送诈骗信息的伪基站、猫池、电脑、手机等电子设备的；

（八）仅从事拨打电话、发送短信或发布虚假广告等行为而获取不同寻常的高额或者不等值报酬的；

（九）行为人知晓所在公司因诈骗客户被处罚或有同类从业者因诈骗被刑罚而导致公司更名后继续经营相同业务，仍在该公司工作的；

（十）从事诈骗营销推广、销售或善后业务，入职工作时间在二个月以上的；

（十一）多次参加交流诈骗经营模式、引诱增加被骗客户、赃款赃物洗

钱、处理投诉、善后安抚被害人的业务会议、培训的；

（十二）公安机关抓捕时试图毁坏电脑、U 盘等存储介质，或试图进行格式化等删除操作，在存储介质中提取到话术剧本、交易信息、资金往来、客户信息、财务报表等电子数据的；

（十三）其他足以认定行为人主观上明知其行为是诈骗的情形。

第六条 证明诈骗团伙的普通成员主观明知是诈骗行为的，应当结合书证（包括但不限于业绩单、话术剧本，培训记录、座谈会记录、工作日记）、电子数据（包括但不限于短信记录、网络聊天记录）、证人证言，同案犯的指认及犯罪嫌疑人、被告人供述等证据综合认定。

证明诈骗团伙成员是“明知他人实施电信网络诈骗犯罪”而提供帮助的，应当结合犯罪嫌疑人、被告人的认知能力，既往经历，行为次数和手段，与电信网络诈骗犯罪实施者之间的关系，获利情况，是否曾因电信网络诈骗受过处罚，是否故意规避调查等主客观因素进行综合分析认定。

第七条 证明诈骗团伙成员主观明知从事诈骗行为的时间点，要遵循严格的证明标准，坚持“事实清楚，证据确实充分，排除合理怀疑”的证明要求。

犯罪嫌疑人、被告人供述主观明知从事诈骗行为的时间，且得到其他证据印证；或多次确认过主观明知从事诈骗行为的时间点，后来翻供否认，但不能合理说明翻供原因或者其辩解与其他证据相矛盾的，应当采信其原有能得到其他证据印证的供述，或其多次确认的供述。

第八条 证明电信网络诈骗犯罪客观方面的主要证据有：

（一）物证及照片，包括电脑、服务器、伪基站设备、改号软件设备、手机、座机等实物及照片

（二）书证；主要有：

1. 证明诈骗团伙发起成立的书证，如公司注册登记材料、公司章程、营业执照、合伙协议、股东名册等；

2. 证明诈骑行为实施的书证，如诈骗话术剧本、招募他人实施电信网络诈骗犯罪活动的材料，会议记录、虚假广告信息、手机通话记录、短信记录、微信、QQ 等聊天记录，以及术语清单、托运单、仓单、货单、邮寄单等

3. 证明网络运营的书证，如网站服务器运营协议、租赁协议网络经营许

可证、网信部门出具的关于IP地址说明、云服务器分布点的证明材料；

4. 证明诈骗赃款资金往来的书证，如银行支付凭证、网络转账记录、账户交易明细、现金收支凭证等；

5. 证明诈骗赃款分成的书证，如考勤表、工资表、业绩单等；

（三）报案记录、投诉记录、投案记录、破案报告等能证明案情及相关情况的书面材料；

（四）涉案银行卡、资金支付结算账户、诈骗设备工具及其他涉案物品的扣押清单；

（五）证人证言，包括侦查人员的证言以及技术专家对电信网络信息等专业性问题所作的情况说明；

（六）被害人陈述；

（七）犯罪嫌疑人、被告人的供述和辩解；

（八）辨认笔录、指认笔录及其照片，包括但不限于犯罪嫌疑人之间的辨认和犯罪嫌疑人对涉案账户、诈骗设备工具的指认情况；

（九）现场勘验、检查笔录及照片、录像、现场制图，包括对远程勘验及对人身，物品的检查笔录；

（十）视听资料，包括监控视频，录音、录像光盘等；

（十一）电子数据，包括“木马”程序、“钓鱼软件”、电子邮件、网络聊天记录、手机数据、电子签名等；

（十二）其他能证明电信网络诈骗犯罪客观方面的证据。

第九条 侦查机关应当出具由两名侦查人员署名并加盖侦查机关印章的案件侦破经过说明。

案件侦破经过说明应当详细写明案件来源情况、确定犯罪嫌疑人及侦破案件的方法和过程，以及犯罪嫌疑人到案时间、地点、经过及到案顺序等内容。

对于通过秘密侦查，技术侦查手段侦破的案件，有关秘密侦查、技术侦查材料，侦查机关应当归入保密卷随案移送检察机关、审判机关认为有必要就秘密侦查、技术侦查情况作出说明的，侦查机关应当单独提供书面说明材料。

第十条 犯罪嫌疑人、被告人自首的，检察机关、审判机关应当审查其投案经过以及是否在规定期限内投案。

犯罪嫌疑人，被告人检举揭发他人违法犯罪情况，特别是愿意积极协助抓获电信网络诈骗主犯的，侦查机关应当积极侦查核实。

第十一条 对未成年犯罪嫌疑人、被害人进行讯问，询问的，应当按照刑事诉讼法中特别程序的相关规定执行。

第十二条 办案人员应当加强对物证、书证、电子数据等客观性证据的收集、固定、挖掘与审查、判断、运用。

第十三条 严格遵循法定程序收集、提取和固定证据。经检察机关、审判机关审查或审理，确认或不能排除存在非法取证情形的，对有关非法证据应当予以排除

二、电信网络诈骗犯罪案件中各类证据的收集、审查、判断

（一）物证、书证

第十四条 提取、扣押物证、书证的侦查人员不得少于二人，并应持有相关法律文书及侦查人员工作证件。对于提取、扣押的物证、书证应当会同在场见证人和被提取、扣押物证的持有人进行查点确认，当场开列扣押物品清单，写明物品的名称、编号规格、数量、特征及来源，由侦查人员、见证人和持有人签名或者盖章，必要时以拍照、录像固定。

第十五条 对有条件提取的原始储存介质，应当进行扣押并封存，确保在不解除原始封存状态下，无法对储存介质内的数据进行增加、删除、修改

第十六条 侦查机关调取银行交易记录、支付转账记录、通话通信记录，一般应当加盖书证出具单位印章；从公安机关入驻的反诈中心内银行调取的交易记录，加盖反诈中心印章或银行专用业务印章的可以作为书证使用；从银行调取的电子数据，可以在调取证据通知书回执上注明文件大小、文件名称、最后修改时间等信息。对于涉案的银行卡、支付宝、财付通等支付结算工具内的资金，应当及时查询、冻结、止付。

第十七条 侦查机关提取通话记录，应当有通讯双方号码主叫被叫、通话时长，通话时间等信息；提取转账交易记录，应当有交易双方账号、交易金额、交易时间等信息；提取网络聊天记录，应当有聊天者虚拟身份、时间以及传输文件等信息。

第十八条 重视物证、书证在定罪体系中的证明作用，特别注重运用经营账本、财务报表、业绩表单、银行记录、书面合同、话术资料、会议记录、通讯记录等书证来证明犯罪。注重审查用于记录犯罪数额、分赃数额的账本、业绩表等是否与犯罪嫌疑人、被告人供述、转账记录、电子数据等证据相印证

（二）勘验、检查、搜查、辨认笔录

第十九条 侦查机关在诈骗活动场所抓获犯罪嫌疑人的，应当注重保护现场证据，对现场进行勘验、检查，制作勘验、检查笔录时，有条件的应当进行同步录音录像。侦查机关对犯罪所用的服务器进行网络远程勘验、检查时，有条件的应当进行同步录音录像。

第二十条 现场提取的物证、书证应当在现场勘验、检查笔录中有反映并附有扣押物品清单、照片；从犯罪嫌疑人随身、住处或其供述、指认的场所发现并提取的物证、书证以及从第三人处提取的物证、书证均应当附有人身检查笔录、搜查笔录、辨认笔录并附扣押物品清单、照片。

扣押物品清单应当详细记录被扣押物品的名称、规格、数量特征及来源等，并由侦查人员、物品持有人和见证人签名或者盖章。

第二十一条 侦查机关在对犯罪嫌疑人的身体、物品、处所和其他有关地方进行搜查时，应持搜查证。在搜查中应全面、细致，及时提取、扣押可疑的物证、书证，并制作搜查笔录，由侦查人员、被搜查人员或其家属、邻居或者其他见证人签名或者盖章，对与案件无关的物品应及时发还。

（三）电子数据

第二十二条 收集、提取、保存电子数据，应当由两名以上具备相关专业知识的侦查人员依照相关技术标准进行提取，并制作提取笔录、清单。提取笔录、清单应当注明电子数据的名称、类别、文件格式，并由侦查人员、数据持有人签名或盖章。数据持有人无法签名或者拒绝签名的，应当在笔录中注明，由见证人签名或者盖章。没有符合条件的人员担任见证人的，应当在笔录中注明，并对相关活动进行录像。

第二十三条 对原始存储介质进行电子数据检查时，应当对原始存储介质拆封过程进行录像，并通过写保护设备接入到检查设备，制作电子数据备份，同时计算电子数据的完整性校验值。

第二十四条 应当及时对被扣押的手机、电脑及其他技术设备等存储介质提取与案件有关的电子数据，包括短信、图片、微信、QQ 聊天记录、通话记录，支付宝、财付通、网银等交易记录网站页面、IP 地址、MAC 地址、上网记录、电子邮件、电子账册等数据。对案件定罪量刑起关键作用的录音包等录音内容，应当转化为一定的媒介储存在案。

第二十五条 原始存储介质不便提取、扣押、封存的，应及时提取原始存储介质内的涉案电子数据，并注明原始存储介质存放地点、不能提取、扣押的原因。

对于原始存储介质位于境外或远程计算机信息系统上的涉案电子数据，可以通过网络在线提取电子数据，应当注明网络在线提取电子数据情况以及电子数据来源的真实性。

通过数据恢复，破解等技术方式获取被存储介质内被删除、隐藏或者加密的电子数据，应当对恢复、破解过程和方法作出说明。

案件初查过程中收集，提取、封存的电子数据，可以作为诉讼证据使用

第二十六条 在无法封存、无法备份或无法使用写保护设备等可能导致电子数据被增加、删除、修改的情况下，一般应当对存储介质进行扣押、电子数据进行提取以及电子设备、电子数据进行指认等过程进行录音录像。但犯罪嫌疑人正在销毁电子数据或犯罪用电脑装有还原精灵、启动 U 盘等情况，侦查员来不及录音录像，或者来不及等到专业人员到场进行现场勘查，搜集到的电子数据，应出具证据来源说明。

第二十七条 向电商平台等数据提供者调取电子数据时，应当向数据提供者详细说明需要调取的电子数据的起始时间、格式种类等限定条件。电子数据涉及云服务器的，应调取云服务器分布点的相关明材料。

第二十八条 侦查机关、检察机关、审判机关可以在专业技术人员的辅助下对电子数据进行筛查或统计，增强庭审环节示证、质证的针对性。

专业技术人员辅助对电子数据进行筛查或统计的，应当说明筛查的原理，并将专业技术人员的身份、职称、专业背景、联系方式等情况附卷。

对电子数据涉及的专门性问题难以确定的，由司法鉴定机构出具鉴定意见，或者由公安部指定的机构出具检验报告

第二十九条 对同一事项存在多份鉴定意见、检验报告，且鉴定意见、检验报告之间内容差异较大的；对鉴定意见或检验报告中检材的可鉴定条件、鉴定依据、论证分析过程有较大争议的；对鉴定或检验过程的合法性有异议的；控辩双方认为有必要申请鉴定人或有专门知识的人出庭的，审判机关应当通知鉴定人或有专门知识的人出庭作证。

第三十条 鉴定人或有专门知识的人有正当理由不能出庭的，审判机关可以根据情况决定延期审理。经审判机关通知，鉴定人拒不出庭的，鉴定意见不得作为定案的依据。有专门知识的人当庭对鉴定意见提出质疑，鉴定人能够做出合理解释，并与相关证据印证的，可以采信鉴定意见；不能做出合理解释，无法确定鉴定意见可靠性的，有关鉴定意见不能作为定案依据。

第三十一条 检察机关、审判机关审查电子数据，应当结合案件其他证据，按照最高人民法院、最高人民检察院、公安部《关于办理刑事案件收集提取和审查判断电子数据若干问题的规定》第二十二至二十四条规定的方式审查其真实性完整性和合法性。

第三十二条 电子数据收集、提取程序存在瑕疵，经补正或者作出合理解释的，可以采用；不能补正或者作出合理解释的，不得作为定案的依据。

检察机关、审判机关经审查确认电子数据有增加、删除、修改等情形，不能确定电子数据真实性，或电子数据系篡改、伪造，无法确定真伪的，不得作为定案的依据。

（四）被害人陈述

第三十三条 询问被害人，应当记录以下信息：

（一）被害人身份。包括自然身份信息和网络虚拟身份信息重点查明是否为残疾人、老年人、未成年人、在校学生、丧失劳动能力的人或者重病患者的亲属；

（二）报案的情况。未报案的，询问未报案的原因；报过案的，应当调取之前的报案记录，也可重新制作报案笔录并注明之前报案情况；

（三）被骗的经过。包括被害人被骗的始末、交流沟通、心理变化及遭受损失的经过、涉及网络通讯工具、网页网址信息支付结算工具以及是否造成被害人及其近亲属自杀、死亡或者精神失常后果等情况。有条件的，应当让被害人操作演示被骗经过并进行拍照或录像固定；由侦查人员操作被骗流程的，应当将流程经过交被害人核实。

被害人为外国籍的，应审查被害人身份信息、笔录内容的原件及翻译件、翻译人员信息等是否完备。

第三十四条 被害人数量在百人以内的，应当对所有被害人进行调查核实，并制作笔录。确因客观原因无法联系上被害人，或被害人拒绝作证的，应当记录在案

第三十五条 被害人数量超过百人，且书证、电子证据等证据充足，已能查明各犯罪嫌疑人的诈骗行为、诈骗数额等犯罪事实，对被害人进行抽样取证不影响对各犯罪嫌疑人具体行为及诈骗数额的认定的，可以进行抽样取证。但因物证、书证、电子数据等客观性证据不充足，只能依靠被害人陈述来认定诈骗金额的案件除外。

对于只能依靠被害人陈述认定诈骗金额的案件，应当根据网上投诉记录、聊天记录、交易记录、财务记录等信息尽可能寻找并联系被害人进行调查取证。

第三十六条 对被害人进行抽样取证，应该重点选取被骗资金量大、空间距离相对较近、被害特殊群体、已经报案或涉案方法有代表性的被害人作为证据样本。

侦查机关应当对被害人数量抽样情况进行详细论证和说明检察机关、审判机关审查认为抽样情况不具有科学性、代表性或全面性的，可以要求侦查机关进行补充取证，涉及案件定罪量刑的，侦查机关应当补充取证。

第三十七条 制作被害人陈述，侦查机关可以设置和使用询问模板，但制作抽样取证的被害人陈述除外。

被害人不愿配合侦查机关制作询问笔录的，可要求被害人以自书材料的形式提供陈述。侦查人员应当将自书材料的格式告知被害人，并告知被害人在诉讼中的权利和义务，被害人应当在自书材料上逐页签字、捺印。

侦查机关收到被害人自书材料后，应当在首页右上方写明“于某年某月某日收到”并签名。合法的被害人自书材料应当作为诉讼证据使用。

第三十八条 制作被害人陈述，应当在法律规定的地点进行。采用异地协

查方式取证的，侦查机关应当向异地公安机关提供被询问人身份情况、询问提纲或询问模板，并附上工作过程说明

第三十九条 远程询问被害人的，应当按照最高人民法院最高人民检察院、公安部《关于办理网络犯罪案件适用刑事诉讼程序若干问题的意见》相关规定进行。

第四十条 被害人能提供相关被害证明材料的，侦查人员应当记录并调取作为诉讼证据使用。被害人陈述提供证据线索的，侦查机关应当根据线索挖掘、收集、调取、扣押相关涉案的物证书证、电子数据等。

第四十一条 被相同诈骗模式欺骗的被害人无法提供与被诈骗时相关的网站、链接等证明材料的，在其有详细被骗陈述之后可将同案已经报案的其他被害人陈述的上述证明材料交由该被害人阅看、确认、核实。

（五）犯罪嫌疑人、被告人的供述或辩解

第四十二条 犯罪嫌疑人被刑事拘留后，应当立即送看守所羁押，至迟不得超过24小时。非出于指认犯罪现场、追缴赃款物等办案需要，不得将犯罪嫌疑人提押出所。

第四十三条 讯问犯罪嫌疑人，应当完整地讯问并记录以下信息：

（一）犯罪嫌疑人姓名、年龄、民族、籍贯、职业、户籍、住址、身份证号码等信息；

（二）犯罪嫌疑人持有使用的QQ、微信、陌陌、财付通、支付宝、微博等社交软件工具的账号、昵称、密码等虚拟身份信息；

（三）犯罪嫌疑人前科、家庭成员、犯罪时的住址、工作单位，有无信息技术知识背景，是否属于专业人员网络犯罪等情况；

（四）犯罪嫌疑人在网络活动中使用过的作案工具，包括电脑、手机等硬件设备；利用第三方网络平台或通过第三方服务器自行建立的网络平台；网络社交软件工具QQ，微信微博、陌陌、阿里旺旺、TWITTER FACEBOOK、直播平台等；网络快捷支付工具支付宝、财付通、APPLEPAY、网银账户等；

（五）犯罪嫌疑人实施诈骗犯罪的经过、主观明知的起始时间、获取、占有财物的方式、资金流向、收入提成情况等。有条件的，应当让犯罪嫌疑人操作演示作案经过并进行录像或截图保存；由侦查人员操作的，应当将操作经过

交犯罪嫌疑人核对确认对于共同犯罪的案件，应当讯问并记录犯罪嫌疑人与其他同案犯各自在共同犯罪中所处的地位和作用情况、共谋和联络情况、作案方式情况、分工协作情况、分提成情况等。

第四十四条 犯罪嫌疑人提供证据线索的，侦查机关应当根据犯罪嫌疑人的供述及时挖掘和提取相关物证作案工具、书证、电子数据等材料。

第四十五条 对主要犯罪嫌疑人的讯问及指认犯罪现场、指认作案工具等侦查活动，侦查机关应当对此进行同步录音录像、拍照固定。

第四十六条 检察机关、审判机关应当重视对犯罪嫌疑人被告人供述或辩解的合法性审查、判断。犯罪嫌疑人、被告人提供侦查机关采取刑讯逼供等非法取证线索的、检察机关、审判机关应当予以调查核实。

（六）技术查措施

第四十七条 对于技术含量高、诈骗手段隐蔽、波及面广、社会影响大的严重危害社会的电信网络诈骗犯罪案件，确有必要依据刑事诉讼法第一百四十八条的规定采取技术侦查措施的，应当依法经过严格的批准手续。

第四十八条 侦查机关对电信网络诈骗犯罪案件采取技术侦查措施，应当注重监控犯罪与证据收集的同步性

采取技术侦查措施收集的证据材料应标注密级独立成卷并随案移送，批准采取技术侦查措施的法律文书应体现技术侦查措施种类、适用对象和执行期限。

第四十九条 对犯罪嫌疑人采取监听措施的，将监听录音作为技术侦查证据材料使用的，侦查机关应当选取能够证明犯罪过程重要环节，核心事实，关键内容的监听录音，转换成书面材料，并标注重要内容的起止时间，由经办人签名并加盖印章，与同步录音光盘一并移送供检察机关、审判机关审查、判断。

第五十条 技术侦查证据材料，经当庭出示、辨认、质证等法庭调查程序查证属实的，可以作为定案根据。需要对技术侦查证据材料进行鉴定的，按照有关法律规定，指派或者委托有资质的机构进行。

第五十一条 对技术侦查证据材料当庭质证的，除司法机关工作人员、当事人和辩护律师外，其他诉讼参与人需要参加的应当签署保密承诺书，明确泄

露技术侦查证据内容的法律责任经审判机关许可并通知，辩护律师、被告人参加技术侦查证据材料庭外核实的，也应签署保密承诺书，并另行向审判机关提交书面质证意见。

第五十二条 其他涉及技术侦查具体内容的，按照《关于刑事诉讼中技术侦查证据材料使用若干问题的指导意见》（浙高法〔2018〕45号）执行。

三、附则

第五十三条 本指引自下发之日起执行。法律、司法解释、上级有关规定另有规定的，按法律、司法解释、上级有关规定执行。

上海市高级人民法院 上海市人民检察院

关于印发《〈关于常见犯罪的量刑指导意见（二）（试行）〉实施细则》的通知

2017年12月19日 沪高法〔2017〕496号

第一、第二中级人民法院，第三中级人民法院（知识产权法院、铁路运输中级法院），上海市人民检察院第一、第二、第三分院（铁路分院），各区人民法院、人民检察院，上海铁路运输法院、上海铁路运输检察院，市高级人民法院、市人民检察院相关部门：

为进一步规范刑罚裁量权，落实宽严相济刑事政策，增强量刑公开，实现量刑公正，根据刑法、刑事司法解释和最高人民法院《关于常见犯罪的量刑指导意见（二）（试行）》等规定，结合本市刑事审判实践，市高级人民法院、市人民检察院联合制定了《〈关于常见犯罪的量刑指导意见（二）（试行）〉实施细则》，现予印发，请遵照执行。

附：

《关于常见犯罪的量刑指导意见（二）（试行）》实施细则

为进一步规范刑罚裁量权，落实宽严相济刑事政策，增强量刑公开，实现量刑公正，根据刑法、刑事司法解释和最高人民法院《关于常见犯罪的量刑指导意见（二）（试行）》等规定，结合本市刑事审判实践，制定本实施细则。

一、危险驾驶罪

（一）在道路上驾驶机动车，以其他车辆为追逐对象，或者以较短时间通行某段道路为追逐目标，采取超过规定时速行驶、相互追逐、曲线穿行等方式，竞时竞速竞技行驶，情节恶劣的，在一个月至二个月拘役幅度内确定量刑起点。

1. 在量刑起点的基础上，根据行为危险程度等其他影响犯罪构成的犯罪事实增加刑罚量，确定基准刑。

2. 有下列情形之一的，增加一个月刑期：

（1）追逐竞驶，超过规定时速50%且行驶速度超过60公里/小时，时速每增加25%的，增加一个月刑期；

（2）在城市道路违反交通信号灯通行的；

（3）其他可以增加刑罚量的情形。

3. 有下列情形之一的，可以从重处罚，一般应当在三个月拘役以上确定基准刑：

（1）组织聚众追逐竞驶的首要分子；

（2）多次参加追逐竞驶的；

（3）饮酒或者吸食、注射毒品后驾驶的；

（4）逃避、拒绝、阻碍公安机关依法检查，尚未构成其他犯罪的；

（5）造成交通事故且负事故全部或主要责任，或者造成交通事故后逃逸，尚未构成其他犯罪的；

（6）无驾驶资格驾驶机动车的；

（7）驾驶非法改装、拼装或者已达到报废标准的机动车的；

（8）使用伪造、变造的机动车牌证，故意遮挡、污损、不按规定安装或者未悬挂机动车号牌的；

（9）驾驶载有乘客的营运机动车的；

（10）其他情节严重的情形。

（二）醉酒驾驶机动车的，在一个月至二个月拘役幅度内确定量刑起点。

1. 在量刑起点的基础上，根据血液酒精含量等其他影响犯罪构成的犯罪事实增加刑罚量，确定基准刑。血液酒精含量达到80毫克/100毫升以上的，血液酒精含量每增加30毫克，增加十五日刑期。

2. 醉酒驾驶机动车，有下列情形之一的，可以从重处罚，一般应当在三个月拘役以上确定基准刑：

（1）造成交通事故且负事故全部或主要责任，或者造成交通事故后逃逸，尚未构成其他犯罪的；

（2）在高速公路、城市快速路上驾驶的；

（3）驾驶载有乘客的营运机动车的；

（4）有严重超员、超载或者超速驾驶，无驾驶资格驾驶机动车，使用伪造或者变造的机动车牌证等严重违反道路交通安全法的行为的；

（5）逃避、抗拒、阻碍公安机关依法检查，尚未构成其他犯罪的；

（6）曾因酒后驾驶机动车受过行政处罚或者刑事追究的；

（7）其他可以从重处罚的情形。

3. 醉酒驾驶机动车的被告人，血液酒精含量在100毫克/100毫升以下且系初犯，认罪、悔罪，未造成其他损失或后果的，可以认定犯罪情节轻微，免予刑事处罚；对于情节显著轻微危害不大的，不作为犯罪处理。

（三）从事校车业务或者旅客运输，严重超过额定乘员载客，或者严重超过规定时速行驶的，在一个月至二个月拘役幅度内确定量刑起点。

在量刑起点的基础上，根据危害程度等其他影响犯罪构成的犯罪事实增加刑罚量，确定基准刑。有下列情形之一的，增加十五日至一个月刑期：

1. 驾驶大型载客汽车，载客超过额定乘员50%或者超过额定乘员十五人以上的，每增加额定乘员10%或者每增加五人，增加十五日至一个月刑期；

2. 驾驶中型载客汽车，载客超过额定乘员80%或者超过额定乘员十人以上的，每增加额定乘员10%或者每增加三人，增加十五日至一个月刑期；

3. 驾驶小型、微型载客汽车，载客超过额定乘员100%或者超过额定乘员七人以上，每增加额定乘员10%或者每增加二人，增加十五日至一个月刑期；

4. 驾驶载客汽车以外的机动车从事校车业务或者旅客运输，违反规定载客，实际载员达到十人以上，每超过二人，增加十五日至一个月刑期；

5. 在高速公路、城市快速路上行驶，超过规定时速50%且行驶速度超过90公里/小时的，时速每增加20%，增加十五日至一个月刑期；

6. 在高速公路、城市快速路以外的道路上行驶，超过规定时速60%且行驶速度超过60公里/小时的，时速每增加20%，增加十五日至一个月刑期；

7. 通过铁路道口或者设有窄路、窄桥、急弯路、掉头、转弯、下陡坡、傍山险路、连续下坡、连续弯路、注意路面结冰等标志的道路，或者遇雾、雨、雪、沙尘、冰雹等能见度在50米以内的不利气象条件时，超过规定时速50%且行驶速度超过40公里/小时的，时速每增加20%，增加十五日至一个月刑期；

8. 其他可以增加刑罚量的情形。

（四）违反危险化学品安全管理规定运输危险化学品，危及公共安全的，在一个月至二个月拘役幅度内确定量刑起点。

违反危险化学品安全管理规定运输危险化学品，有下列情形之一的，可以从重处罚，一般应当在三个月拘役以上确定基准刑：

1. 吸食、注射毒品后运输危险化学品的；

2. 造成交通事故或者环境污染，致一人以上轻伤、公私财产损失五万元以上，尚未构成其他犯罪的；

3. 装载危险化学品超过车辆核载量50%以上的；

4. 超过规定时速50%的；

5. 曾因违反规定运输危险化学品，受过刑事追究或者在二年内被给予二次以上行政处罚的；

6. 其他可以增加刑罚量的情形。

上述危险驾驶罪的宣告刑期可具体到十五日，经基准刑调节后不满整月刑期的，可按照整月或十五日就低确定刑期，最低不少于一个月。

二、非法吸收公众存款罪

（一）法定刑在三年以下有期徒刑、拘役幅度的量刑起点和基准刑

1. 个人非法吸收或者变相吸收公众存款，数额达到二十万元或者吸收对象达到三十人或者给集资参与人造成直接经济损失十万元的，在四个月拘役至六个月有期徒刑幅度内确定量刑起点。

在量刑起点的基础上，犯罪数额每增加二万五千元或者吸收对象每增加二人或者给集资参与人造成直接经济损失每增加一万二千五百元，增加一个月刑期，从而确定基准刑。

2. 单位非法吸收或者变相吸收公众存款，数额达到一百万元或者吸收对象达到一百五十人或者给集资参与人造成直接经济损失五十万元的，对其直接负责的主管人员和其他直接责任人员在四个月拘役至六个月有期徒刑幅度内确定量刑起点。

在量刑起点的基础上，犯罪数额每增加十二万五千元或者吸收对象每增加十一人或者给集资参与人造成直接经济损失每增加六万二千五百元，增加一个月刑期，从而确定基准刑。

（二）法定刑在三年以上十年以下有期徒刑幅度的量刑起点和基准刑

1. 个人非法吸收或者变相吸收公众存款，数额达到一百万元或者吸收对象达到一百人或者给集资参与人造成直接经济损失五十万元的，在三年至四年有期徒刑幅度内确定量刑起点。

在量刑起点的基础上，犯罪数额每增加二万五千元或者吸收对象每增加二人或者给集资参与人造成直接经济损失每增加一万二千五百元，增加一个月刑期，从而确定基准刑。

2. 单位非法吸收或者变相吸收公众存款，数额达到五百万元或者吸收对象达到五百人或者给集资参与人造成直接经济损失二百五十万元的，对其直接负责的主管人员和其他直接责任人员在三年至四年有期徒刑幅度内确定量刑

起点。

在量刑起点的基础上，犯罪数额每增加十二万五千元或者吸收对象每增加十一人或者给集资参与人造成直接经济损失每增加六万二千五百元，增加一个月刑期，从而确定基准刑。

（三）有下列情形之一的，可以增加基准刑，但同时具有两种以上情形的，累计不得超过基准刑的100%：

1. 造成集资参与人集访、闹访的，增加基准刑的30%以下；

2. 造成集资参与人自杀、精神失常或者其他严重后果的，增加基准刑的30%以下；

3. 属于非法吸收公众存款集团首要分子的，增加基准刑的30%以下；

4. 将吸收资金用于违法犯罪活动的，增加基准刑的20%以下；

5. 具有其他可以从重处罚情形的，增加基准刑的20%以下。

（四）有下列情形之一的，可以减少基准刑：

1. 全额退还所有集资参与人本金的，减少基准刑的30%以下；

2. 具有其他可以从轻处罚情形的，减少基准刑的20%以下。

三、集资诈骗罪

（一）法定刑在五年以下有期徒刑、拘役幅度的量刑起点和基准刑

1. 个人进行集资诈骗，达到“数额较大”起点十万元的，在三个月拘役至六个月有期徒刑幅度内确定量刑起点。

在量刑起点的基础上，犯罪数额每增加三千五百元，增加一个月刑期，从而确定基准刑。

2. 单位进行集资诈骗，达到“数额较大”起点五十万元的，对其直接负责的主管人员和其他直接责任人员在三个月拘役至六个月有期徒刑幅度内确定量刑起点。

在量刑起点的基础上，犯罪数额每增加一万七千五百元，增加一个月刑期，从而确定基准刑。

（二）法定刑在五年以上十年以下有期徒刑的量刑起点和基准刑

1. 个人进行集资诈骗，达到“数额巨大”起点三十万元或者有其他严重

情节的，在五年至六年有期徒刑幅度内确定量刑起点。

在量刑起点的基础上，根据集资诈骗的数额、手段等其他影响犯罪构成的犯罪事实增加刑罚量，确定基准刑。有下列情形之一的，增加相应的刑罚量：

（1）犯罪数额每增加一万一千六百元，增加一个月刑期；

（2）具有可以认定为“其他严重情节”情形的，每增加一种情形，增加六个月至二年刑期。

2. 单位进行集资诈骗，达到“数额巨大”起点一百五十万元或者有其他严重情节的，对其直接负责的主管人员和其他直接责任人员在五年至六年有期徒刑幅度内确定量刑起点。

在量刑起点的基础上，根据集资诈骗的数额、手段等其他影响犯罪构成的犯罪事实增加刑罚量，确定基准刑。有下列情形之一的，增加相应的刑罚量：

（1）犯罪数额每增加五万八千三百元，增加一个月刑期；

（2）具有可以认定为“其他严重情节”情形的，每增加一种情形，增加六个月至二年刑期。

（三）法定刑在十年以上有期徒刑的量刑起点和基准刑

1. 个人进行集资诈骗，达到“数额特别巨大”起点一百万元或者有其他特别严重情节的，在十年至十二年有期徒刑幅度内确定量刑起点。

在量刑起点的基础上，根据集资诈骗的数额、手段等其他影响犯罪构成的犯罪事实增加刑罚量，确定基准刑。有下列情形之一的，增加相应的刑罚量：

（1）犯罪数额每增加十万元，增加一个月刑期；

（2）具有可以认定为“其他特别严重情节”情形的，每增加一种情形，增加一年至二年刑期。

2. 单位进行集资诈骗，达到“数额特别巨大”起点五百万元或者有其他特别严重情节的，对其直接负责的主管人员和其他直接责任人员在十年至十二年有期徒刑幅度内确定量刑起点。

在量刑起点的基础上，根据集资诈骗的数额、手段等其他影响犯罪构成的犯罪事实增加刑罚量，确定基准刑。有下列情形之一的，增加相应的刑罚量：

（1）犯罪数额每增加五十万元，增加一个月刑期；

（2）具有可以认定为“其他特别严重情节”情形的，每增加一种情形，增加一年至二年刑期。

（四）有下列情形之一的，可以增加基准刑，但同时具有两种以上情形的，累计不得超过基准刑的100%：

1. 造成集资参与人集访、闹访的，增加基准刑的30%以下；

2. 造成集资参与人自杀、精神失常或者其他严重后果的，增加基准刑的30%以下；

3. 属于集资诈骗集团首要分子的，增加基准刑的30%以下；

4. 将诈骗资金用于违法犯罪活动的，增加基准刑的20%以下；

5. 针对残疾人、老年人或者丧失劳动能力人等进行集资诈骗的，增加基准刑的20%以下；

6. 具有其他可以从重处罚情形的，增加基准刑的20%以下。

（五）有下列情形之一的，可以减少基准刑：

1. 全额退还所有集资参与人本金的，减少基准刑的30%以下；

2. 具有其他可以从轻处罚情形的，减少基准刑的20%以下。

四、信用卡诈骗罪

（一）法定刑在五年以下有期徒刑、拘役幅度的量刑起点和基准刑

1. 使用伪造的信用卡、以虚假的身份证明骗领的信用卡、作废的信用卡或者冒用他人信用卡，进行信用卡诈骗，达到“数额较大”起点五千元的，在三个月拘役至六个月有期徒刑幅度内确定量刑起点。

在量刑起点的基础上，犯罪数额每增加八百元，增加一个月刑期，从而确定基准刑。

2. 恶意透支，达到“数额较大”起点一万元的，在三个月拘役至六个月有期徒刑幅度内确定量刑起点。

在量刑起点的基础上，犯罪数额每增加一千六百元，增加一个月刑期，从而确定基准刑。

（二）法定刑在五年以上十年以下有期徒刑的量刑起点和基准刑

1. 使用伪造的信用卡、以虚假的身份证明骗领的信用卡、作废的信用卡或者冒用他人信用卡，进行信用卡诈骗，达到“数额巨大”起点五万元或者

有其他严重情节的，在五年至六年有期徒刑幅度内确定量刑起点。

在量刑起点的基础上，根据信用卡诈骗的数额、手段等其他影响犯罪构成的犯罪事实增加刑罚量，确定基准刑。有下列情形之一的，增加相应的刑罚量：

（1）犯罪数额每增加八千元，增加一个月刑期；

（2）具有可以认定为“其他严重情节”情形的，每增加一种情形，增加六个月至二年刑期。

2. 恶意透支，达到“数额巨大”起点十万元或者有其他严重情节的，在五年至六年有期徒刑幅度内确定量刑起点。

在量刑起点的基础上，根据信用卡诈骗的数额、手段等其他影响犯罪构成的犯罪事实增加刑罚量，确定基准刑。有下列情形之一的，增加相应的刑罚量：

（1）犯罪数额每增加一万六千元，增加一个月刑期；

（2）具有可以认定为“其他严重情节”情形的，每增加一种情形，增加六个月至二年刑期。

（三）法定刑在十年以上有期徒刑的量刑起点和基准刑

1. 使用伪造的信用卡、以虚假的身份证明骗领的信用卡、作废的信用卡或者冒用他人信用卡，进行信用卡诈骗，达到“数额特别巨大”起点五十万元或者有其他特别严重情节的，在十年至十二年有期徒刑幅度内确定量刑起点。

在量刑起点的基础上，根据信用卡诈骗的数额、手段等其他影响犯罪构成的犯罪事实增加刑罚量，确定基准刑。有下列情形之一的，增加相应的刑罚量：

（1）犯罪数额每增加五万元，增加一个月刑期；

（2）具有可以认定为“其他特别严重情节”情形的，每增加一种情形，增加一年至二年刑期。

2. 恶意透支，达到“数额特别巨大”起点一百万元或者有其他特别严重情节的，在十年至十二年有期徒刑幅度内确定量刑起点。

在量刑起点的基础上，根据信用卡诈骗的数额、手段等其他影响犯罪构成的犯罪事实增加刑罚量，确定基准刑。有下列情形之一的，增加相应的刑罚量：

(1) 犯罪数额每增加十万元，增加一个月刑期；

(2) 具有可以认定为“其他特别严重情节”情形的，每增加一种情形，增加一年至二年刑期。

(四) 有下列情形之一的，可以增加基准刑，但同时具有两种以上情形的，累计不得超过基准刑的100%：

1. 多次实施信用卡诈骗的，增加基准刑的20%以下；

2. 为吸毒、赌博等违法犯罪活动而实施信用卡诈骗的，增加基准刑的20%以下；

3. 具有其他可以从重处罚情形的，增加基准刑的20%以下。

(五) 有下列情形之一的，可以减少基准刑：

1. 在案发前自动将赃款归还的，减少基准刑的30%以下；

2. 确因生活所迫、学习、治病急需而实施信用卡诈骗的，减少基准刑的30%以下；

3. 具有其他可以从轻处罚情形的，减少基准刑的20%以下。

五、合同诈骗罪

(一) 法定刑在三年以下有期徒刑、拘役幅度的量刑起点和基准刑

合同诈骗，达到“数额较大”起点二万元的，在三个月拘役至六个月有期徒刑幅度内确定量刑起点。

在量刑起点的基础上，犯罪数额每增加五千五百元，增加一个月刑期，从而确定基准刑。

(二) 法定刑在三年以上十年以下有期徒刑幅度的量刑起点和基准刑

1. 合同诈骗，达到“数额巨大”起点二十万元或者有其他严重情节的，在三年至四年有期徒刑幅度内确定量刑起点。

2. 在量刑起点的基础上，根据合同诈骗的数额、手段等其他影响犯罪构成的犯罪事实增加刑罚量，确定基准刑。有下列情形之一的，增加相应的刑罚量：

（1）犯罪数额每增加九千五百元，增加一个月刑期；

（2）具有可以认定为“其他严重情节”情形的，每增加一种情形，增加六个月至二年刑期。

（三）法定刑在十年以上有期徒刑幅度的量刑起点和基准刑

1. 合同诈骗，达到“数额特别巨大”起点一百万元或者有其他特别严重情节的，在十年至十二年有期徒刑幅度内确定量刑起点。

2. 在量刑起点的基础上，根据合同诈骗的数额、手段等其他影响犯罪构成的犯罪事实增加刑罚量，确定基准刑。有下列情形之一的，增加相应的刑罚量：

（1）犯罪数额每增加十万元，增加一个月刑期；

（2）具有可以认定为“其他特别严重情节”情形的，每增加一种情形，增加一年至二年刑期。

（四）有下列情形之一的，可以增加基准刑，但同时具有两种以上情形的，累计不得超过基准刑的100%：

1. 以救灾、抢险、防汛、优抚、扶贫、移民、救济、医疗款物为合同诈骗标的的，增加基准刑的30%以下；

2. 造成被害人自杀、精神失常或者其他严重后果的，增加基准刑的30%以下；

3. 多次实施合同诈骗的，增加基准刑的20%以下；

4. 合同诈骗的款项用于吸毒、赌博、行贿、非法经营、走私等违法犯罪活动的，增加基准刑的20%以下；

5. 具有其他可以从重处罚情形的，增加基准刑的20%以下。

（五）有下列情形之一的，可以减少基准刑：

1. 在案发前自动将赃款归还被害人的，减少基准刑的30%以下；

2. 具有其他可以从轻处罚情形的，减少基准刑的20%以下。

六、非法持有毒品罪

（一）法定刑在三年以下有期徒刑、拘役、管制幅度的量刑起点和基准刑

1. 非法持有海洛因、甲基苯丙胺、可卡因10克，鸦片、美沙酮200克，

3，4－亚甲二氧基甲基苯丙胺（MDMA）等苯丙胺类毒品（甲基苯丙胺除外）、吗啡20克，氯胺酮100克，芬太尼25克，甲卡西酮40克，二氢埃托啡2毫克，哌替啶（度冷丁）50克，曲马多、γ－羟丁酸400克，大麻油1千克、大麻脂2千克、大麻叶及大麻烟30千克，可待因、丁丙诺啡1千克，三唑仑、安眠酮10千克，阿普唑仑、恰特草20千克，咖啡因、罂粟壳40千克，巴比妥、苯巴比妥、安钠咖、尼美西泮50千克，氯氮卓、艾司唑仑、地西泮、溴西泮100千克以上或者其他毒品数量较大的，在三个月拘役至一年有期徒刑幅度内确定量刑起点。

2. 在量刑起点的基础上，根据毒品数量等其他影响犯罪构成的犯罪事实增加刑罚量，确定基准刑。有下列情形之一的，增加一个月刑期：

（1）每增加海洛因、甲基苯丙胺、可卡因1克，增加一个月刑期；

（2）每增加鸦片、美沙酮20克，增加一个月刑期；

（3）每增加3，4－亚甲二氧基甲基苯丙胺（MDMA）等苯丙胺类毒品（甲基苯丙胺除外）、吗啡2克，增加一个月刑期；

（4）每增加氯胺酮10克，增加一个月刑期；

（5）每增加芬太尼2.5克，增加一个月刑期；

（6）每增加甲卡西酮4克，增加一个月刑期；

（7）每增加二氢埃托啡0.2毫克，增加一个月刑期；

（8）每增加哌替啶（度冷丁）5克，增加一个月刑期；

（9）每增加曲马多、γ－羟丁酸40克，增加一个月刑期；

（10）每增加大麻油100克、大麻脂200克、大麻叶及大麻烟3千克，增加一个月刑期；

（11）每增加可待因、丁丙诺啡100克，增加一个月刑期；

（12）每增加三唑仑、安眠酮1千克，增加一个月刑期；

（13）每增加阿普唑仑、恰特草2千克，增加一个月刑期；

（14）每增加咖啡因、罂粟壳4千克，增加一个月刑期；

（15）每增加巴比妥、苯巴比妥、安钠咖、尼美西泮5千克，增加一个月刑期；

（16）每增加氯氮卓、艾司唑仑、地西泮、溴西泮10千克，增加一个月刑期；

（二）法定刑在三年以上七年以下有期徒刑幅度的量刑起点和基准刑

1. 非法持有毒品达到前款“数量较大”的标准，且有下列情形之一的，应当认定为“情节严重”，在三年至四年有期徒刑幅度内确定量刑起点：

（1）在戒毒场所、监管场所非法持有毒品的；

（2）利用、教唆未成年人非法持有毒品的；

（3）国家工作人员非法持有毒品的；

（4）其他情节严重的情形。

2. 在量刑起点的基础上，根据毒品数量等其他影响犯罪构成的犯罪事实增加刑罚量，确定基准刑。有下列情形之一的，增加二个月刑期：

（1）每增加海洛因、甲基苯丙胺或者可卡因1克，增加二个月刑期；

（2）每增加鸦片、美沙酮20克，增加二个月刑期；

（3）每增加3，4－亚甲二氧基甲基苯丙胺（MDMA）等苯丙胺类毒品（甲基苯丙胺除外）、吗啡2克，增加二个月刑期；

（4）每增加氯胺酮10克，增加二个月刑期；

（5）每增加芬太尼2.5克，增加二个月刑期；

（6）每增加甲卡西酮4克，增加二个月刑期；

（7）每增加二氢埃托啡0.2毫克，增加二个月刑期；

（8）每增加哌替啶（度冷丁）5克，增加二个月刑期；

（9）每增加曲马多、γ－羟丁酸40克，增加二个月刑期；

（10）每增加大麻油100克、大麻脂200克、大麻叶及大麻烟3千克，增加二个月刑期；

（11）每增加可待因、丁丙诺啡100克，增加二个月刑期；

（12）每增加三唑仑、安眠酮1千克，增加二个月刑期；

（13）每增加阿普唑仑、恰特草2千克，增加二个月刑期；

（14）每增加咖啡因、罂粟壳4千克，增加二个月刑期；

（15）每增加巴比妥、苯巴比妥、安钠咖、尼美西泮5千克。

（16）每增加氯氮卓、艾司唑仑、地西泮、溴西泮10千克，增加二个月刑期。

（三）法定刑在七年以上有期徒刑幅度的量刑起点和基准刑

1. 非法持有海洛因、甲基苯丙胺、可卡因50克，鸦片、美沙酮1千克，3，4－亚甲二氧基甲基苯丙胺（MDMA）等苯丙胺类毒品（甲基苯丙胺除外）、吗啡100克，氯胺酮500克，芬太尼125克，甲卡西酮200克，二氢埃托啡10毫克，哌替啶（度冷丁）250克，曲马多、γ－羟丁酸2千克，大麻油5千克，大麻脂10千克，大麻叶及大麻烟150千克，可待因、丁丙诺啡5千克，三唑仑、安眠酮50千克，阿普唑仑、恰特草100千克，咖啡因、罂粟壳200千克，巴比妥、苯巴比妥、安钠咖、尼美西泮250千克，氯氮卓、艾司唑仑、地西泮、溴西泮500千克以上或者其他毒品数量大的，在七年至九年有期徒刑幅度内确定量刑起点。

2. 在量刑起点的基础上，根据毒品数量等其他影响犯罪构成的犯罪事实增加刑罚量，确定基准刑。有下列情形之一的，增加一个月刑期：

（1）每增加海洛因、甲基苯丙胺或者可卡因10克，增加一个月刑期；

（2）每增加鸦片、美沙酮200克，增加一个月刑期；

（3）每增加3，4－亚甲二氧基甲基苯丙胺（MDMA）等苯丙胺类毒品（甲基苯丙胺除外）、吗啡20克，增加一个月刑期；

（4）每增加氯胺酮100克，增加一个月刑期；

（5）每增加芬太尼25克，增加一个月刑期；

（6）每增加甲卡西酮40克，增加一个月刑期；

（7）每增加二氢埃托啡2毫克，增加一个月刑期；

（8）每增加哌替啶（度冷丁）50克，增加一个月刑期；

（9）每增加曲马多、γ－羟丁酸400克，增加一个月刑期；

（10）每增加大麻油1千克、大麻脂2千克、大麻叶及大麻烟30千克，增加一个月刑期；

（11）每增加可待因、丁丙诺啡1千克，增加一个月刑期；

（12）每增加三唑仑、安眠酮10千克，增加一个月刑期；

（13）每增加阿普唑仑、恰特草20千克，增加一个月刑期；

（14）每增加咖啡因、罂粟壳40千克，增加一个月刑期；

（15）每增加巴比妥、苯巴比妥、安钠咖、尼美西泮50千克，增加一个月刑期；

(16) 每增加氯氮卓、艾司唑仑、地西泮、溴西泮 100 千克，增加一个月刑期。

(四) 非法持有两种以上毒品或持有上述毒品以外其他毒品的，可以将不同种类的毒品分别折算为海洛因的数量，以折算后累加的毒品总量作为量刑的依据。

(五) 有下列情形之一的（已作为认定“情节严重”的情形除外），可以增加基准刑的 30% 以下，同时具有多种情形的，累计不得超过基准刑的 100%：

1. 在戒毒场所、监管场所非法持有毒品的；

2. 利用、教唆未成年人非法持有毒品的；

3. 国家工作人员非法持有毒品的；

4. 毒品再犯的；

5. 其他可以从重处罚的情形。

(六) 有下列情形之一的，可以减少基准刑的 30% 以下：

1. 毒品含量明显偏低的；

2. 被利用或被诱骗非法持有毒品的；

3. 其他可以从轻处罚的情形。

七、容留他人吸毒罪

(一) 容留他人吸食、注射毒品，有下列情形之一的，可以在四个月拘役至八个月有期徒刑幅度内确定量刑起点：

1. 一次容留三人吸食、注射毒品的；

2. 二年内三次容留他人吸食、注射毒品的；

3. 二年内曾因容留他人吸食、注射毒品受过行政处罚的；

4. 以牟利为目的容留他人吸食、注射毒品的；

5. 容留他人吸食、注射毒品造成严重后果的；

6. 其他应当追究刑事责任的情形。

容留未成年人吸食、注射毒品的，量刑起点为一年六个月。

（二）在量刑起点的基础上，可以根据容留他人吸毒的人数、次数等其他影响犯罪构成的犯罪事实增加刑罚量，确定基准刑。具有下列情形之一的，增加相应的刑罚量：

1. 一次容留三人以上吸食、注射毒品的，每增加一人，增加二个月刑期；

2. 容留未成年人吸食、注射毒品的，每增加一人次，增加三个月刑期；

3. 二年内三次以上容留他人吸食、注射毒品的，每增加一次，增加三个月刑期；

4. 二年内曾因容留他人吸食、注射毒品受过行政处罚的；以牟利为目的容留他人吸食、注射毒品的；容留他人吸食、注射毒品造成严重后果的，除已确定为基本犯罪构成事实的之外，每增加一种情形，增加二个月至三个月刑期。

（三）有下列情形之一的，从重处罚：

1. 毒品再犯，增加基准刑的10% －30%；

2. 国家工作人员容留他人吸食、注射毒品的，增加基准刑的30%以下；

3. 容留他人吸食、注射毒品造成恶劣社会影响的，增加基准刑的30%以下；

4. 其他可以从重处罚的情形。

（四）有下列情形之一的，可以从轻处罚：

1. 容留近亲属吸食、注射毒品，情节显著轻微危害不大的，可以不作为犯罪处理。需要追究刑事责任的，减少基准刑的10% －40%；

2. 其他可以从轻处罚的情形。

八、引诱、容留、介绍卖淫罪

（一）法定刑在五年以下有期徒刑幅度的量刑起点和基准刑

1. 引诱一人卖淫，容留、介绍二人以上卖淫的；容留、介绍未成年人、孕妇、智障人员、患有严重性病的人卖淫的；一年内曾因引诱、容留、介绍卖淫行为被行政处罚，又实施容留、介绍卖淫行为的；非法获利人民币一万元以上的；在三个月拘役至二年有期徒刑幅度内确定量刑起点。

引诱不满十四周岁的幼女卖淫的，依照刑法第359条第2款之规定，以引诱幼女卖淫罪定罪处罚。

2. 在量刑起点的基础上，可以根据引诱、容留、介绍卖淫的人数、次数等其他影响犯罪构成的犯罪事实增加刑罚量，确定基准刑。具有下列情形之一的，增加相应的刑罚量：

（1）引诱、容留、介绍他人卖淫的，每增加一人次，增加三个月至六个月刑期；

（2）引诱、容留、介绍已满十四周岁未满十八周岁的未成年人卖淫的，每增加一人次，增加六个月至一年刑期；

（3）容留、介绍不满十四周岁的幼女卖淫的，每增加一人次，增加一年至二年刑期。

（二）法定刑在五年以上有期徒刑幅度的量刑起点和基准刑

1. 引诱五人以上或者引诱、容留、介绍十人以上卖淫的；引诱三人以上的未成年人、孕妇、智障人员、患有严重性病的人卖淫，或者引诱、容留、介绍五人以上该类人员卖淫的；非法获利人民币五万元以上的；在五年至七年有期徒刑幅度内确定量刑起点。

2. 在量刑起点的基础上，可以根据引诱、容留、介绍卖淫的人数、次数等其他影响犯罪构成的犯罪事实增加刑罚量，确定基准刑。具有下列情形之一的，增加相应的刑罚量：

（1）引诱、容留、介绍他人卖淫的，每增加一人次，增加两个月至三个月刑期；

（2）引诱、容留、介绍已满十四周岁未满十八周岁的未成年人卖淫的，每增加一人次，增加三个月至六个月刑期；

（3）容留、介绍不满十四周岁的幼女卖淫的，每增加一人次，增加六个月至一年刑期；

（4）其他可以增加刑罚量的情形。

（三）对于未成年附有特殊职责的人员、与未成年人有共同家庭生活关系的人员、国家工作人员引诱、容留、介绍他人卖淫的，应当予以从重处罚，增加一年至二年刑期。

（四）旅馆业、饮食服务业、文化娱乐业、出租汽车业等单位的主要负责人，利用本单位的条件，引诱、容留、介绍他人卖淫的，可以增加基准刑的20%－30%。

（五）有下列情形之一的，可以增加基准刑的30%以下，同时具有两种以上情形的，累计不得超过基准刑的100%：

1. 利用互联网、手机短信等发布招嫖信息，散发小广告等介绍卖淫的；

2. 在公共场所公然引诱、容留、介绍他人卖淫的；

3. 引诱、介绍他人到境外卖淫或者引诱、容留、介绍境外人员到境内卖淫的；

4. 其他可以从重处罚的情形。

九、附则

1. 本实施细则所称以上、以下，均包括本数。

2. 本实施细则将随法律、司法解释和刑事司法政策的变动适时作出调整。

3. 新颁布的法律、司法解释与本实施细则不一致的，适用新颁布的法律、司法解释。

4. 本实施细则由上海市高级人民法院、上海市人民检察院负责解释。

[司法实务问题研究]

在校大学生校园网贷犯罪引入刑法研究

王立明* 林 赟**

内容提要 观察我国当前校园网贷现实情况，其违背法律规定的贷款利息和违约金以及实行极端方式催收贷款的做法，使在校大学生受到极大的危害。在当前的司法实践中，我国刑事、民事、行政立法对处理校园网贷借贷纠纷还有一定欠缺。通过分析当前在校大学生校园网贷的突出表现和法律法规的缺失，考虑到在校大学生健康成长的最佳选择，同时，也为了契合增强对校园网贷保护的法律发展趋势，随着我国刑法的发展完善，在校大学生校园网贷犯罪引入刑法是很有可能和必要的。为此，应当在刑法中设立校园网贷罪。

我国始终依法严厉打击各类高利贷犯罪活动，在刑事立法上把高利转贷、骗取贷款行为规定为犯罪，刑法还规定了该类犯罪的最高刑为三年以上七年以下有期徒刑。然而，我们还应清醒地看到，近些年来在校大学生网络贷款现象不断出现，不良借贷行为亦不断发生，校园网贷的高利息频频出现，校园网贷犯罪呈不断上升之趋势，成为在校大学生健康成长的又一大隐患。本文尝试在透视当前在校大学生校园网贷突出表现的基础上，从分析校园网贷犯罪引入刑法的必要性出发，探索校园网贷罪的设定，以期望对保护在校大学生的合法权

* 福建省漳州市芗城区人民法院办公室副主任。

** 福建省漳州市芗城区人民法院法官助理。

益有所裨益。

一、在校大学生校园网贷的突出表现

（一）在校大学生受到极大危害

在现实中，校园网贷给在在校大学生造成极大的危害，导致许多在校大学生负债累累，无法偿还巨额贷款，甚至产生轻生念头。在大学校园中，许多涉世未深的大学生为解决资金燃眉之急，不惜借贷校园网贷的高利息贷款，从而给自己套上沉重的枷锁，当无稳定经济来源的在校大学生穷尽所能、通过父母或其他资金（见表一）仍然无法偿还小额借款的高利息所带来的巨额欠款时，诈骗、提供性服务抵债、自杀等极端行为便屡屡出现。通过分析在校大学生校园网贷借贷现状，我们可以发现校园网贷确实给在校大学生造成了很大危害。

表一　在校大学生通过父母或其他资金偿债表

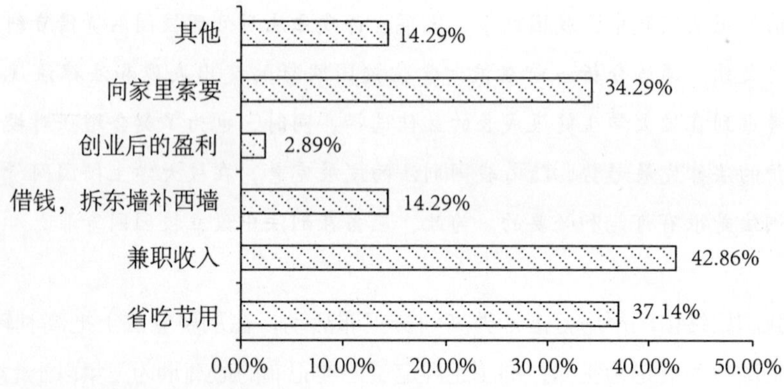

（二）贷款利息和违约金违背法律规定

在实际中，网贷公司将大学生的贷款利息和违约金变相的通过手续费、管理费、服务费等名义收取。根据网贷之家2015年的一份调查报告显示，校园网贷平台的实际年化利率在经过折算后比信用卡账单分期还款利率要高出16%左右。其中P2P校园网贷平台年化借款利率基本上在10%到25%之间，分期付款购物平台多数产品的年化利率普遍在20%以上，有的甚至达到35%

以上。① 很多网贷公司为了规避法律规定的利率上限，就变相地向在校大学生借款人收取各种名义的其他费用，一旦在校大学生出现违约的情况，这些网贷公司所收取的各项费用加起来很可能远远超过法定的违约金上限。《最高人民法院关于审理民间借贷案件适用法律若干问题的规定》第二十六条规定："借贷双方约定的利率未超过年利率24%，出借人请求借款人按照约定的利率支付利息的，人民法院应予支持。借贷双方约定的利率超过年利率36%，超过部分的利息约定无效。借款人请求出借人返还已支付的超过年利率36%部分的利息的，人民法院应予支持"。通过分析校园网贷平台的实际年化利率和我国民事司法解释，可以发现校园网贷网贷公司收取在校大学生贷款利息和违约金是不符合相关法律规定的。

（三）校园网贷影响社会和谐与稳定

由于校园网贷市场不断推高贷款利率，不良借贷的触角已经深入到在校大学生消费等各领域，影响了在校大学生消费的良性发展，导致许多在校大学生走向毁灭，很多家庭受到伤害，大学校园正常教学秩序受到极大的影响，大学生个人、家庭、大学起连锁反映，严重影响了社会和谐与稳定。一是扰乱金融秩序，破坏宏观经济调控，增加社会不稳定。网贷公司通过校园网贷平台私自发放借款，获取高额利益，对金融领域经济运行及其调控造成一定的冲击，不利于金融领域经济结构的调整，影响国家利率政策实施，造成金融系统风险防范与监管的盲区，增加社会不稳定因素的大量出现。二是在校大学生借贷者存在着被高额利息击垮的风险。许多在校大学生轻易向网贷公司快速借贷资金进行消费，结果是自身无经济收入无法及时偿还借款，随着违约拖欠借贷资金的时间越长，债务以日剧增，在网贷公司违背公序良俗、违法使用暴力的追讨下，穷尽所有仍然是无法偿还巨额债务的在校大学生借贷者彻底被击垮，产生轻生自杀身亡的屡屡出现。三是滋生违法犯罪。网贷公司往往采取各种非法手段保证本息的收回，其所导致的侵权行为目前已经呈现持续增长的趋势，被害的在校大学生往往不敢采取正当手段维护权益，在遭遇非法威胁时不敢报案，使网贷公司催收手段变本加厉，甚至产生违法犯罪行为，危害了大学校园的公共安全。四是摧毁父母经济。在实际中，使用校园网贷借贷资金的大都是家庭

① 吴臻颖：《议析校园网贷法律风险防范》，载《现代经济信息》2016年第16期。

经济较不富裕的在校大学生，其家庭经济实力原本就很弱，而校园网贷的高利息往往都是银行贷款利率的几十倍，在高利率的摧残下，经济实力较弱的父母即使倾家荡产亦无法偿还巨款，其结果是导致在校大学生借贷者父母的家庭经济被彻底摧毁。通过分析当前校园网贷所导致的后果，可以发现校园网贷严重影响了我国社会和谐与稳定。

二、在校大学生校园网贷犯罪入刑的必要性

本文以为，为有效惩处校园网贷犯罪，有必要把校园网贷犯罪引入刑法，具体分析如下：

（一）法律法规的缺失需引入刑法

其一，民事法律的缺失。当前，在司法实务界，我国民事立法对处理校园网贷借贷纠纷的依据主要是民法通则和合同法。合同法第三十九条规定："采用格式条款订立合同的，提供格式条款的一方应当遵循公平原则确定当事人之间的权利和义务，并采取合理的方式提请对方注意免除或者限制其责任的条款，按照对方的要求，对该条款予以说明"。在实际中，校园网贷合同中的格式条款，没有按照公平原则确定当事人之间的权利和义务，其设置的条款往往对在校大学生极为不利。2015 年银监会针对 P2P 网贷平台下发了《网络借贷信息中介机构业务活动管理暂行办法（征求意见稿）》，但目前该办法仍处于过渡期，还没有最终形成通过。① 同时，我国目前实行的是利率双轨制，对于正规金融的利率由中国人民银行通过规定基准利率及浮动比例予以控制。通过分析我国民事立法，可以发现在具体的网络借贷法律关系上如何因违反公序良把校园网贷借款合同界定为无效合同的仍然找不到对应的民事法律，对校园网贷借款格式合同性质的正确界定还有一定的难度，对涉及校园网贷违法行为缺乏强有力的制裁措施，致使网贷公司更加有恃无恐地不断推高校园网贷借贷利率。因此，民事法律的缺失需要把校园网贷犯罪引入刑法。

其二，刑事法律的缺失。在司法实务界，我国目前的刑事立法对涉及校园网贷刑事制裁的具体规定一般有四种：一是高利转贷罪。根据刑法第一百七十五条规定，高利转贷罪是指以转贷牟利为目的，套取金融机构信贷资金高利转

① 王婷婷：《校园网络借贷风险与法律监管问题初探》，载《知与行》2017 年第 3 期。

贷他人，违法所得数额较大的行为。法学界普遍认为该罪并不是单纯地惩治校园网贷违法行为，更多的是针对滥用贷款这一行为而适用的，不能以高利转贷罪定罪处罚校园网贷违法行为。二是非法拘禁罪。非法拘禁罪是指非法拘禁他人或者以其他方法非法剥夺他人人身自由的行为。法学界许多观点认为该罪并不是单纯地惩治校园网贷中实施了非法扣押、拘禁他人的违法行为，更多地是针对在主观方面故意剥夺他人人身自由为目的这一行为而适用的，不能以刑法第二百三十八条第三款规定的“为索取债务非法扣押、拘禁他人的，依照前两款的规定处罚”定罪处罚校园网贷违法行为。三是非法经营罪。根据刑法第二百二十五条规定，非法经营罪是指违反国家规定，有下列非法经营行为之一，扰乱市场秩序，情节严重的行为。（1）未经许可经营法律、行政法规规定的专营、专卖物品或者其他限制买卖的物品的；（2）买卖进出口许可证、进出口原产地证明以及其他法律、行政法规规定的经营许可证或者批准文件的；（3）未经国家有关主管部门批准非法经营证券、期货、保险业务的，或者非法从事资金支付结算业务的；（4）其他严重扰乱市场秩序的非法经营行为。法学界普遍认为该罪更多地是针对严重扰乱市场秩序的非法经营这一行为而适用的，而校园网贷行为事实上并不具备其他严重扰乱市场秩序的非法经营行为这一前提要件，不能以非法经营罪定罪处罚校园网贷违法行为。四是非法吸收公众存款罪。根据刑法第一百七十六条规定，非法吸收公众存款罪是指非法吸收公众存款或者变相吸收公众存款，扰乱金融秩序的行为。非法吸收公众存款罪主要特征是行为主体的不特定性，该罪更多的是针对社会不特定对象进行吸收存款这一行为而适用的。法学界普遍认为校园网贷行为事实上是针对特定的在校大学生，不具备针对社会不特定对象进行吸收存款行为这一前提要件，不能以非法吸收公众存款罪定罪处罚。通过分析我国刑事立法，可以发现在高利转贷罪、非法拘禁罪、非法经营罪、非法吸收公众存款罪具体规定中，对于惩处校园网贷违法犯罪还有明显不足。因此，刑事法律的缺失需要把校园网贷犯罪引入刑法。

（二）监管力度不够需要引入刑法

众所周知，规范化的经营管理和高度严谨的业务运作模式是金融行业赖以生存的基础，监管力度是否到位是确保整个金融行业健康发展的关键一环，也决定了开展互联网金融行业创新轨道是否正确、经营是否规范。在实际中，我国对校园网贷的监管力度还有一定的缺失。一是行政法规的缺失。目前，校园网贷作为非正规金融，尚未纳入国家宏观调控管理范围，对其监管问题，现行行政法律法规还没有详细的明确规定。我国行政立法对处理校园网贷借贷纠纷的依据主要是 2002 年中国人民银行出台的《关于取缔地下钱庄及打击高利贷行为的通知》的规定："由人民银行各分行、营业管理部负责对当地地下钱庄和高利借贷活动、非法集资等进行调查、核实并予以取缔"。通过分析我国行政立法，可以发现其具体规定对涉及校园网贷的监管基本上处于无人审批、无人监督、无人管理的状态。二是行业准入门槛条件缺乏监管。校园网贷作为一个发展比较快速的新兴网络金融业务，其设置的行业准入门槛条件极低，低门槛使许多没有具备金融行业资质条件、没有经过国家相关金融部门严格审核通过的网贷公司都能轻易地进入网络平台开展校园网贷业务，相关金融部门对其监管则呈现一片空白。三是校园网贷规范性监管较为宽松。在实际中，相关金融部门对网贷公司与大学生之间的借贷合同无需面对面签订、明显不利于大学生借款人的格式条款、网贷公司没有尽到明确告知义务等规范性监管均较为宽松放任，以致出现了违规发放贷款和欺诈在校大学生等状况。因此，监管力度的不够需要把校园网贷引入刑法。

（三）在校大学生的健康成长需要引入刑法

在校大学生，是社会的精英，是国家的未来。大学生时期，是人生中成长最为关键的一个时期，在这个时期中，在校大学生体现的是敏锐、敢于想敢于做敢于尝试、防备心弱，但其涉世未深、心理和生理还不完全不成熟、思维片面性较大、容易接受任何新事物，如果教育诱导好使其走上健康成长的道路，教育诱导错误则使其误入歧途。比如面对校园网贷，许多在校大学生朦朦胧胧只知其一不知其二，简单知道校园网贷有可能产生高利息的说法，但对高利息究竟高到哪里，危害有多深，却是一片惘然，许多在校大学生在接触校园网贷之前，间接或直接地知道一些高利贷的危害，在心灵深处上对校园网贷有一定的拒贷之心。然而，在现实中，一旦为解决资金的燃眉之急，在校大学生自身的心智不成熟、抵御能力差、不知道校园网贷危害性严重的弱点便凸显无疑，往往不惜借贷校园网贷的高利息贷款，把沉重的偿还巨额贷款枷锁给自己套上。因此，为了实现在校大学生的健康成长，需要把校园网贷犯罪引入刑法。

（四）惩治校园网贷犯罪需要引入刑法

在实践中，校园网贷遇到大学生违约之时，网贷公司为催讨借款，不惜采取各种极端方式催收贷款，严重侵犯了借款大学生的合法权益。有的网贷公司为给大学生欠款人造成强大的舆论和心理压力，将借款学生的个人信息和欠款行为以大字报的方式公布出去，或者通过互联网予以泄露；有的网贷公司采取公布裸照等极端的手段对大学生进行威胁、恐吓，强迫借款大学生还款，严重伤害了在校大学生的身心健康。比如 2015 年 10 月，在校大学生张某为购买高档手机，向互联网金融服务平台借款，通过某贷宝联系出借方高某，高某提出：如果女大学生借款，只需手持身份证和借贷信息裸体拍照，并将该照片传至出借方后，即刻放款，利率 30%/周。并补充条款：此举只是为了保证借款人能够按时还款，在持有照片期间会保护她的隐私，待还本付息之后立即删除。张某订立借款合同后多次延期付款，高某威胁张某：如果在十天内不能还清的话，就将你的裸体照片上传至网络。紧接着高某又提出：可用“肉偿”提供性服务抵债。为偿还债务，张某为高某指定的他人提供了四次“肉偿”以抵债。之后网上流出 167 名女大学生的裸贷照片，张某的照片也赫然在列。① 通过分析上述案例，互联网金融服务平台某贷宝联系的出借方高某的催讨借款行为不仅违背了社会公序良俗，而且严重侵犯了张某的合法权益，已经构成违法犯罪。因此，依法惩治校园网贷违法犯罪需要引入刑法。

三、校园网贷犯罪引入刑法的基本思路

本文认为，把校园网贷犯罪行为引入刑法，应当秉持保护在校大学生的思路进行设计，以促进社会和谐稳定为主线，辅之以刑事法律的保障，才能有效进入实践运作。具体操作如下：

① 王珂：《“裸贷”的罪与罚》，载山西新闻网 - 山西日报，http：//news. 163. com/16/1222/05/C8S9OV7L00018AOP. html，于 2017 月 6 月 11 日访问。

（一）校园网贷罪的设定

把惩治在校大学生校园网贷违法犯罪行为引入刑法，是保护在校大学生合法权益的需要，是保障大学正常教学秩序的需要，是促进社会和谐与稳定的需要。因此，笔者认为，应当在刑法中设立校园网贷罪。具体可以在刑法第三章破坏社会主义市场经济秩序罪第四节破坏金融管理秩序罪下增设校园网贷罪。

（二）犯罪构成的界定

笔者认为，校园网贷罪的犯罪构成应当从犯罪客体、犯罪客观方面、犯罪主体、犯罪主观方面进行界定。

其一，犯罪客体。校园网贷罪的犯罪客体应当界定为：国家的金融秩序，高利息同时也是侵害公民合法财产。当然，如果其采取了故意提供“肉偿”性服务抵债、故意伤害、非法拘禁等其他法律禁止的行为时，则其相应地又侵害了公民的人身健康和自由等权利。

其二，犯罪客观方面。校园网贷罪的犯罪客观方面应当界定为：在客观方面只要收取的利益与出借的本金比例超过了国家规定的利率四倍就应构成“校园网贷罪”；对于违法所得不大但多次高利息或者以暴力手段或者其他不正当手段催收的，也应当构成校园网贷罪。理由主要是设立校园网贷罪的罪名，其使用高利息、暴力手段字眼，主要是考虑到高利息即包括变相提高校园网贷借款利率、收取违约金、手续费、管理费等，也包括故意采取提供性服务抵债、故意伤害、非法拘禁等其他法律禁止的行为。

其三，犯罪主体。校园网贷罪的犯罪主体应当界定为：年满 18 周岁的自然人及单位。理由是实践中很多校园网贷小额网贷公司或互联网金融服务平台联系的校园网贷个人出借方其实就是高利贷者，其实质上都是在从事高利息借贷行为，有的甚至是从事高利息借贷的主要力量。

其四，犯罪主观方面。校园网贷罪的犯罪主观方面可以界定为：只要行为人以营利为目的，明知收取的贷款利息违反国家法律法规关于利息的上限规定，故意采取法律禁止的行为，在主观方面就可以认定为校园网贷罪。

（三）法律条文的表述界定

通过分析我国目前刑事、民事、行政立法的具体规定，笔者认为，校园网贷罪法律条文可以表述为：在校园网贷中，以高于中国人民银行同期同类贷款基准利率4倍（包含利率本数）的利益向他人收取非银行贷款资金，违法所得较大或者违法所得不大、但多次出借或者在借贷过程中采取暴力追讨、非法拘禁、故意提供性服务抵债等行为的可以认定为校园网贷罪。上述条文的设定可以实现四个有利：一是有利于通过立法方式界定校园网贷罪的含义，统一认定标准，避免刑事法律、民事法律、行政法规、司法解释、审判实践之间相冲突；二是有利于降低在校大学生校园网贷受到的风险和伤害；三是有利于维护大学校园的正常教学秩序，促进在校大学生的健康成长；四是有利于预防校园网贷违法犯罪行为的发生，依法惩治校园网贷犯罪。

（四）量刑幅度的设定

个罪法定刑的配置，既要考虑个罪社会危害性的程度，更要从刑法体系解释的角度，实现该个罪在横向上与相关个罪之间的刑罚水平的协调与平衡。① 因此，校园网贷罪法定刑的量刑幅度必须考虑我国现有刑法中关于高利转贷罪、非法拘禁罪、非法经营罪、非法吸收公众存款罪等之间刑罚的协调与平衡。刑法第一百七十五条第一款规定：高利转贷罪的法定刑根据违法所得数额较大和巨大，分为两个档次：一档法定刑为三年以下有期徒刑或者拘役，并处违法所得一倍以上五倍以下罚金；二档法定刑为三年以上七年以下有期徒刑，并处违法所得一倍以上五倍以下罚金。在单纯的涉及高利借贷未造成严重后果时，校园网贷罪的量刑幅度可比照高利转贷罪进行。但对造成严重后果的，则应当设置高一档的刑罚，才能体现罪刑相适应原则。因此，校园网贷罪具体量刑幅度设定如下：

以高于中国人民银行同期同类贷款基准利率4倍（包含利率本数）向他人出借非银行贷款资金，违法所得不大，处拘役或者单处违法所得一倍以上四倍以下罚金；违法所得数额较大或者多次出借的，处三年以下有期徒刑，并处违法所得一倍以上六倍以下罚金；违法所得数额巨大，处三年以上七年以下有期徒刑，并处违法所得一倍以上六倍以下罚金；造成严重后果的，处七年以上十五年以下有期徒刑，并处违法所得一倍以上六倍以下罚金；对于使用暴力致人伤残、死亡的，处无期徒刑或死刑，并处违法所得一倍以上六倍以下罚金。

① 梁根林：《刑罚结构论》，北京大学出版社1998年版，第318～327页。

在校园网贷过程中采取暴力追讨、非法拘禁、故意提供“肉偿”性服务抵债等行为的，适用数罪并罚。单位犯前款罪的，对单位判处罚金，并对其直接负责的主管人员和其他直接责任人员，依照前款的规定处罚。

结　语

从刑法的谦抑性来看，设立校园网贷罪没有违背刑法的谦抑性，可以避免校园网贷不断引发的各种违法犯罪行为的发生，还在校大学生以健康成长。

从刑法的经济学角度来看，设立校园网贷罪可以避免校园网贷利率被扭曲，为校园网贷风险防控体系的建立筑起夯实的刑法堡垒，使校园网贷向规范化、合法化发展，还大学校园以正常教学秩序。

从刑法的目的来看，设立校园网贷罪是为了震慑当前校园网贷引发的高利息和违法犯罪行为，用刑法严厉惩治校园网贷各种暴力犯罪，促进社会的和谐与稳定。

[新类型疑难案例选评]

吴某某受贿案

陈 健*

【裁判要旨】

以虚构事实、隐瞒真相的方式向行贿人施加压力骗取行贿人的财物，并利用职务上的便利为行贿人谋取利益，是受贿，并且应当按照索贿的标准从重处罚。

【案情简介】

被告人：吴某某，男，1962 年 6 月 28 日出生，原任湖南省洞新高速公路建设开发有限公司经理、党委副书记兼任湖南省高速公路管理局邵阳管理处书记。因涉嫌犯受贿罪于 2013 年 6 月 24 日被逮捕。

湖南省岳阳市中级人民法院经公开审理查明：

2006 年至 2013 年 3 月，被告人吴某某在担任湖南省高速公路管理局养护工程公司副经理、湖南省郴州—宁远高速公路筹备组组长、湖南省郴宁高速公路建设开发有限公司总监、湖南省洞口至新宁高速公路筹备组组长和湖南省洞新高速公路建设开发有限公司经理期间，利用职务之便，在耒宜高速维护业务，郴宁高速公路、洞新高速公路的土建工程、监理、路面工程、材料供应及驻地建设等业务的招投标，以及工程质量监督、工程管理、工程款支付等方面

* 作者单位：湖南省高级人民法院。

为他人谋取利益，单独或伙同其情妇赵某某（另案处理）、其妻成某某共同收受其他单位和个人财物。被告人吴某某受贿财物共计折合人民币1223.0789万元。其中，2010年下半年，吴某某担任该高速公路建设开发有限公司经理期间，衡阳市某有限公司股东徐某某多次找吴某某，要求承接某高速所需钢绞线全部供应业务。吴某某原计划安排其特定关系人赵某某承接该业务，便以“让领导的朋友退出”为由，要徐某某给予“领导的朋友”“好处费”人民币100万元，徐某某表示同意。之后，吴某某利用职权，决定徐某某以河南某钢缆有限公司、江阴某钢缆有限公司和无锡某钢缆有限公司名义承接了该高速7000余万元的钢绞线供应业务。2010年9月底，徐某某按约定准备将100万元人民币交由吴某某转交给“领导的朋友”。吴某某要赵某某及赵某某的弟弟在长沙市区某处等候。徐某某与吴某某同车前往与赵某某约定的地点，吴某某对徐某某谎称赵某某的弟弟系领导的朋友。随后，吴某某将徐某某所送的装有人民币100万元的黑色纸袋交给了赵某某的弟弟，赵某某的弟弟随即转交给了赵某某。之后此款由赵某某带回家中。

（其他具体犯罪事实略）

【审理结果】

湖南省岳阳市中级人民法院认为，被告人吴某某身为国家工作人员，利用职务之便，单独或伙同赵某某非法收受、索取他人财物，为他人谋取利益，数额特别巨大，其行为构成受贿罪。据此，依照《中华人民共和国刑法》第三百八十五条第一款、第三百八十六条、第三百八十三条第一款第（一）项及第二款、第六十七条第三款、第二十五条第一款、第二十六条第一款、第六十一条、第五十七条第一款、第五十九条、第六十四条之规定，判决如下：

1. 被告人吴某某犯受贿罪，判处无期徒刑，剥夺政治权利终身，并处没收个人全部财产。

2. 扣押在案的现金一千二百五十一万五千五百九十元九角九分及冻结的款项，用于抵缴被告人吴某某受贿所得的赃款一千一百八十三万七百八十九元，其余部分作为被告人吴某某的个人财产依法予以没收。

一审宣判后，被告人吴某某以其未向徐某某索贿等为由提出上诉。吴某某的辩护人亦提出吴某某不具有索贿情节。

湖南省高级人民法院经审理认为，上诉人吴某某作为国家工作人员，在收受徐某某100万元贿赂过程中，虽然徐某某首先提出愿意出钱让“竞争对手”退出竞争，但实际上吴某某所说的所谓竞争对手系其特定关系人赵某某找的单位。为了获取非法利益，吴某某虚构了领导亲戚也要做钢绞线业务并以此为由收受徐某某100万元作为领导亲戚退出的对价，并告知徐某某赵某某的弟弟系领导的儿子，最终使徐某某将100万元贿赂款交给了赵某某的弟弟，赵某某通过其弟实际收受了该100万元。吴某某的行为并非单纯利用职务便利为他人谋取利益，而是通过虚构事实、隐瞒真相向行贿人索取财物的行为，其情节比单纯的受贿更加严重。一审法院就该笔犯罪事实认定吴某某索贿并无不妥。上诉人及其辩护人提出的上诉意见和辩护理由不能成立。原审判决认定的事实清楚，证据确实、充分，定罪准确，量刑适当，审判程序合法。据此，依照《中华人民共和国刑事诉讼法》第二百二十五条第一款第（一）项之规定，裁定驳回上诉，维持原判。

［评析］

以诈骗的方式迫使行贿人交付财物的行为如何定性

本案争议的问题是，以诈骗的方式迫使行贿人交付财物的行为如何定性，即吴某某收受行贿人徐某某财物的行为是否系索贿。我们认为，对本笔犯罪事实中吴某某的行为的定性及其对最终量刑的影响，有必要从以下方面进行分析。

第一，对索贿行为的解释受文理解释的约束。所谓文理解释，“是指刑法用语可能具有的含义”。刑法第三百八十五条将受贿罪的行为方式界定为“索取财物”或者“非法收受他人财物”。因此，对索取的解释，即构成了认定索贿行为的基础。我国刑法和相关司法解释并未对索贿作出进一步的明确的解释。而依据《现代汉语词典》（第五版）的解释，索取的含义为“向人要（钱或东西）”，索贿的含义为“索取贿赂”。可见，只要行为人具有向他人要钱或其他财物的行为，即可构成索贿。本案中，被告人吴某某从表面上看并未直接向行贿人索要财物，而是以要给“领导的朋友”好处费的名义主动要求行贿人交付财物给“第三人”。这一行为能否认定为索贿？我们认为，吴某某虽然采取诈骗的手段使得徐某某信以为真并“自愿”将财物转移给第三人，但吴某某在徐某某自愿“交付”之前已经向其明示，要求其向“第三人”给付财物，且财物的最终去向依然是吴某某的特定关系人。质言之，吴某某的行为并未改变财物最终被其特定关系人占有的事实，而吴某某通过虚构事实、隐瞒真相的方式促使徐某某向第三人转移财物的行为实质上还是向其索取贿赂。

第二，对索贿行为的认定不能超出利用职务上的便利这一构成要件的限定。有一种观点认为，吴某某虚构事实、隐瞒真相促使徐某某交付财物的行为符合诈骗罪的犯罪构成。我们认为，虽然单纯地看该笔犯罪事实，似乎符合诈骗罪的犯罪构成，但吴某某实施上述行为时依然充分利用了职务上的便利，且徐某某在交付财物后，在吴某某的帮助下实现了承接相关业务的目的。因而，从整体上看，吴某某与徐某某各取所需，虽吴某某在收受财物时采取了欺骗的手段，但其对行为的目的即非法占有徐某某的财物有明确的认识；同理，徐某某虽然误以为其所送财物系交给了所谓“领导的朋友”，但徐某某对其送出财物行为的目的即谋取不正当利益有清晰的认识。因此，以索贿而不是诈骗来评价吴某某在本笔犯罪事实中的行为能够更加全面地反映其犯罪的手段、目的及所侵犯的法益，也有助于对徐某某行为性质的认定。

第三，对吴某上述行为的从重处罚的幅度应当充分考虑其情节的严重程度。有一种观点认为，本案中，以受贿罪对被告人进行处罚，虽然可以对索贿情节从重处罚，但不足以充分反映被告人的主观恶性。我们认为，正如前文所述，吴某某的行为只构成受贿罪，因而只能以受贿罪一种罪名定罪处罚。而对其从重处罚的幅度究竟多大更适合，则应当比较其行为与一般意义上的索贿在主观恶性和社会危害性上的差异。显然，吴某某在本笔犯罪事实中的行为和后果，要比单纯的索贿更加严重。若吴某某在本笔犯罪中没有利用职务上的便利，则该行为应当认定为诈骗罪，而根据最高人民法院、最高人民检察院2011年发布的《关于办理诈骗刑事案件具体应用法律若干问题的解释》第一条的规定，诈骗公私财物价值50万元以上的，应当认定为数额特别巨大，并在十年以上有期徒刑或者无期徒刑的量刑幅度内量刑。可见，在对本笔索贿行为进行刑罚评价时，既要考虑其行为侵害的国家公职人员的廉洁性这一基本法益，还要在一定程度上反映其通过诈骗手段获取财物所应付出的刑罚上的代价。因此，在量刑时应当根据其犯罪情节的严重程度选择从重处罚的幅度。所以，我们认为，根据吴某某受贿犯罪的数额、次数及索贿情节的严重程度，一审法院对其判处的刑罚是适当的，应当予以维持。

综上，我们认为，吴某某以虚构事实、隐瞒真相的方式向行贿人施加压力骗取行贿人的财物，并利用职务上的便利为行贿人谋取利益的行为，是受贿，并且应当按照索贿的标准从重处罚。一审判决对其该笔犯罪行为认定为索贿是正确的。

广州德览贸易有限公司、徐某某骗取出口退税案

徐　兵*

【裁判要旨】

单位和个人主观上具有骗取出口退税的故意，才能认定构成骗取出口退税罪。单位作为进出口公司，在不见客户、不见货物、不见外商的情况下，允许挂靠人自带客户、自带货源、自行报关从事出口业务，并帮助挂靠人申请出口退税，虽然属于违法违规行为，但该行为本身不足以推断单位主观上具有骗取出口退税的故意。在没有其他证据证实单位主观上明知挂靠人具有骗取出口退税故意的情况下，应依法认定单位无罪。

* 作者单位：广州市中级人民法院刑二庭。

【案情简介】

被告单位广州德览贸易有限公司（以下简称德览公司）为外贸企业，具有进出口经营权和出口退税权，被告人徐某某任该公司法定代表人，为该公司的实际负责人。2013 年，经与林某坤、张某萌商议，被告人徐某某同意林某坤、张某萌挂靠被告单位德览公司从事服装出口业务，由被告单位德览公司负责提供加盖公章的空白采购合同和报关单给林某坤、张某萌，由林某坤、张某萌自行负责组织货源和自行报关出口，被告单位德览公司在收到林某坤、张某萌提供的出口合同、报关单证及发票等资料后，再向国税部门申请退税，并按照出口金额每美元收取人民币 0.03 元至 0.05 元的比例收取手续费。2013 年 10 月至 2014 年 11 月间，被告单位德览公司通过上述方式共接收林某坤、张某萌提供的由内蒙古自治区赤峰市金金服装加工有限公司（以下简称赤峰金金公司）、内蒙古自治区赤峰市兴兴绒毛服装加工有限公司（以下简称赤峰兴兴公司）、山东省乳山市超越服装有限公司（以下简称乳山超越公司）、河北省巨鹿县恒合绒毛制品厂（以下简称巨鹿县恒合厂）等四家公司开具的增值税专用发票 930 份，并持其中的 900 份发票向国家税务部门申报出口退税，共计申请退税款人民币 13982187.38 元，其中已经实际退税人民币 10256301.61 元，所申请的退税款扣除应收取的挂靠费后，余款均汇入林某坤指定的账户。

【审理结果】

广州市中级人民法院于 2017 年 10 月 27 日作出（2016）粤 01 刑初 472 号刑事判决：一、被告单位广州德览贸易有限公司无罪。二、被告人徐某某无罪。

【裁判理由】

广州市中级人民法院认为，被告单位德览公司以及作为被告单位直接负责的主管人员被告人徐某某，利用德览公司作为进出口公司可以申请退税的资质，为他人提供挂靠服务，在不见客户、不见货物、不见外商的情况下，允许挂靠人自带客户、自带货源、自行报关从事出口业务，并持挂靠人提供的发票申请退税，显属违法违规行为。但本案并无证据证实被告单位德览公司主观上明知挂靠人具有骗取出口退税的故意，不能排除被告单位德览公司确系被挂靠人蒙蔽的合理怀疑。被告单位德览公司及其诉讼代表人、被告人徐某某及其辩护人所提辩护意见合理，本院依法予以采纳。公诉机关指控被告单位德览公司、被告人徐某某骗取出口退税的事实不清，证据不足，指控的罪名不能成立。

［评析］

在没有充分的证据证实被告单位主观上明知挂靠人具有骗取出口退税故意的情况下应依法认定被告单位无罪

本案涉及被告单位和被告人主观上是否具有骗取出口退税的故意，该问题是控辩双方争议的焦点，也决定着被告单位和被告人的罪与非罪。对此，形成两种意见：第一种意见认为，本案现有证据足以证实被告单位和被告人主观上具有骗取出口退税的故意，德览公司和徐某某作为代理出口商，其应当认真审核货物交易的真实性，对货物出口的真实性承担责任，在明知其未实际代理出口的情况下，也未向四家供货商采购货物的情况下，仍然向他人提供加盖公章的空白合同和报关单，收到他人提供的伪造的虚假出口合同和报送单证、虚开的发票后，明知不符合事实，仍然向国税局申请退税，现有证据足以证实其主观上具有骗取出口退税的故意，应认定被告单位和被告人构成骗取出口退税罪。第二种意见认为：本案现有证据不足以证实被告单位和被告人主观上具有骗取出口退税的故意，德览公司作为一家专门的进出口公司，在不见客户、不见货物、不见外商的情况下，允许挂靠人自带客户、自带货源、自行报关从事出口业务，显属违法违规行为，依法应当接受处罚，但上述违法违规行为本身，不足以推断德览公司主观上明知他人有骗取出口退税的故意，应认定被告单位和被告人无罪。

我们认同第二种意见。主要理由如下：

第一，被告单位利用自身资质，为林某坤提供了挂靠服务，主观上有过失，但不足以证实有共同骗取出口退税的故意。

被告单位在本案中的作用主要是利用出口企业的资质为林某坤提供了挂靠服务，一是提供已加盖公司公章的空白合同和报关单，二是收到林某坤提供的报关单证和发票到税务局去申请退税，事后再将所退税款返还林某坤，并从中收取手续费。徐某某归案后一直稳定供称，越秀区国税局的“赵局”（注：又称赵某清）介绍其女婿林某坤挂靠其公司从事外贸出口业务，因为赵局管辖其公司的税务工作，其相信“赵局”，故让林某坤挂靠了其公司开展出口业务，但林某坤以保护自己的上下游客户资源为由，并未告知德览公司出口业务的详情，而是由林某坤自己负责进出口业务，包括采购货源、组织出口等，德览公司只是配合提供服务以及申请退税等。通过第二次开庭补查，赵某清也证实林某坤确系其女婿，其本人也在越秀国税局工作。在没有反证的情况下，我们多数意见认为，徐某某的供述是可信的。在此情况下，不足以认定德览公司主观上明知林某坤的出口业务为虚假出口业务。至于德览公司提供加盖公章的空白合同和报关单，并收取手续费的行为，虽然证明被告单位有失职行为，没有对出口行为严格审核把关，但不足以推断德览公司主观上具有骗取出口退税的故意。

第二，被告单位和被告人客观上无从知悉林某坤挂靠的业务是为了骗取出口退税。

根据徐某某的供述以及证人赵某东等人的证言，德览公司虽没有亲眼审核过出口货物的真实存在，但他们也没有怀疑过林某坤的出口有假。因为在申请退税时需要履行几项审核工作：一是在国税局的系统审核发票的真假，只有在审核为真的情况下，才能打印申请退税材料，并向国税局申请退税材料；二是在海关的系统上审核报关单证上所反映的货物是否有出口，只有审核通过之后，才能进一步申报退税；三是国税局在收到申请退税资料之后，还需向首次出口的供货商或首次出口某类商品的供货商所在的国税局进行函调，调查供货商的真实性。只有经过上述几项审核后，才能成功申请退税。由于所提交的退税申请最终都能成功退税，所有他们从来就没有怀疑过出口业务的真实性，也一直保持与林某坤的合作。且徐某某供称，之前越秀区国税局多次向供货商所在地的税务部门函调，最后都没有发现问题。我们多数意见认为，从期待可能性出发，如果连国家机关规定的诸多风险防范机制都无法发现林某坤出口业务的真假，我们不应期待作为普通的出口企业的德览公司可能会发现出口业务的真假。

第三，被告单位和被告人并不知悉德览公司被行政处罚的事项，印证了被告单位和被告人没有参与虚假出口业务。

现有证据证实，德览公司曾于2013年12月间，因出口申报不实，被大鹏海关4次行政处罚。而根据《广州市国家税务局中区稽查局关于广州德览贸易有限公司涉嫌骗取出口退税案件的调查报告》的述，在送达行政处罚决定书的送达回证上，被送达人为广州德览贸易有限公司；被送达人意见：本公司知悉海关拟处罚内容，本公司无异议，放弃申辩和陈述的权利，愿意接受海关处罚。

而公诉机关后面补充调取的证据证实，代表德览公司前去接受行政处罚的人是刘某某，刘某某并非德览公司员工，刘某某提交的德览公司的材料都是虚假的，公章是假的，徐某某和签名和身份证复印件都是假的。由此证实，刘某某是在徐某某和德览公司不知情的情况下，前去办理了接受行政处罚事宜，也证实徐某某对于其公司被行政处罚一事并不知情。其也是被林某坤等人蒙蔽了。

第四，本案缺乏几大关键环节的证据，不足以推断被告单位和被告人主观上明知他人有骗取出口退税的故意。

一是林某坤未归案，未提供证言。林某坤是本案中最为关键的一个证人，如根据徐某某的供述，本案的所有行为均由林某坤发起并实施，因此林某坤应是主犯。林某坤未归案，无法查清徐某某是否与林某坤有过合意，也无法查清林某坤是否将骗取出口退税的意思告知徐某某。

二是张某萌提供了虚假证言，且未采取逮捕措施。根据徐某某的供述以及德览公司的员工如赵某东等人的证言，张某萌与林某坤是合伙人，挂靠业务是跟张某萌、林某坤商谈的。但张某萌归案后，否认与林某坤合作，也否认与徐某某合作，甚至否认认识德览公司除徐某某之外的其他人员。张某萌的证言与其他证据之间明显不符，显然是撒谎。张某萌不肯提供证言，导致无法从张某萌处去查明徐某某的主观故意。张某萌也未批准批捕。

三是四家虚假供货商均无证人到案提供证言。根据公诉机关指控，赤峰金金公司、赤峰兴兴公司、乳山超越公司、巨鹿绒毛石为四家虚假的供货商，并未提供出口货物，但实际是以出口货物的生产厂家的名义出现在报送单证之中，并且虚开了增值税发票，德览公司收到的外汇货款通过结汇后也是直接返回给了此四家公司。也就是说，此四家供货商在查明本案事实中具有极为重要的作用，此四家供货商就是虚开增值税发票的直接主体，查明该四家供货商的实际控制人，就可以查清是谁在组织出口业务，是谁在指使虚开增值税发票，徐某某有没有与这四家公司联系过，徐某某有没有指使四家公司虚开增值税发票等事实。但遗憾的是，侦查机关并未能向四家公司的经营者或负责人调查取证。综上，无法查实四家公司与徐某某之间是否有意思联络，也无从得知徐某某的主观故意。

四是未向报关公司和海关人员调查取证。从已查实的7票货物出口退税情况看，该7票货物的出口均存在一个共同特征，即在报关时将他人出口的货物伪报成由涉案供货商生产、由德览公司代理出口的货物，即存在将货物张冠李戴的行为。谁能实施该行为？非代理报关公司或海关人员莫属。没有代理报关公司的参与，就不可能有货物的张冠李戴行为。但遗憾的是，本案中没有向任何代理报关公司或海关人员搜集证据。即使在已查实的7票虚假出口中，也仅向有关的真实货主和物流商、运输商搜集了证据，而没有向代理报关公司搜集证据。没有代理报关公司的证据，就无法认定谁在组织操纵将他人的货物进行张冠李戴，也就无法认定被告单位和被告人有无参与其中。

五是没有向外汇提供商提取证据。收取外汇是完成出口业务的最后一环，也是申请退税的必要条件。德览公司作为所谓的出口商，收到外汇后，通过结汇，再转过四家供货商，从而完成一次资金循环。因此，查明外汇的来源，即所谓的境外的购货者，即可以查清楚谁在幕后指使调汇行为，也就可以查清楚德览公司主观上是否知悉出口业务的真实性。但本案中没有调取该方面的证据。相反，在现有证据情况下，从德览公司的角度看，收取外汇的行为并没有异常之处。

六是没有能向刘某某调查取证。根据公诉机关后来补充调查的证据，代表德览公司前去接受行政处罚的是刘某某，刘某某提供的资料都是虚假资料，刘某某肯定知悉虚报出口的内幕，肯定知悉谁指使其前去办理处罚事宜。但遗憾的是，刘某某也未能联系到。

综上，以上种种关键环节的关键人物缺失，导致无法判断德览公司在本案中的参与度，其到底有没有与上述环节的相关人员有联系、有共谋。

第五，被告单位和被告人获取的收益与承担的风险明显不成比例，可以反证主观上不具有骗取出口退税的故意。

根据现有证据以及公诉机关指控的事实，德览公司按照出口金额每美元收取人民币0.03元至0.05元的比例收取手续费，这个费率约为4.5‰至7.5‰。按指控的出口数额和退税数额计算，德览公司应共获利约27万元至45.8万元左右。徐某某一直辩称其共获利约十几万元。相较于申领的出口退税额1025万元而言，德览公司获取的收益仅占极小比例。德览公司如果主观上明知林某坤在骗取出口退税，在获取如此少利益的情况下，仍然愿意冒如此大的风险，也不符合正常人的思维逻辑。由此也印证了一点，德览公司收取挂靠费的可能性较大，与林某坤合谋骗取出口退税的可能性非常小。

第六，主观故意是认定骗取出口退税罪的必要条件。

最高人民法院在2002年颁布的《关于审理骗取出口退税刑事案件具体应用法律若干问题的解释》第六条虽然规定：有进出口经营权的公司、企业，明知他人意欲骗取国家出口退税款，仍违反国家有关进出口经营的规定，允许他人自带客户、自带货源、自带汇票并自行报关，骗取国家出口退税款的，可以认定为骗取出口退税罪。该规定强调两个条件，一是明知他人欲骗取出口退税，二是实施“四自三不见”行为。并没有说，所有“四自三不见”行为均可以认定为骗取出口退税罪。如果主观上不明知，即使实施了上述客观行为，也不能认定被告人构成骗取出口退税罪。

综上，本案现有证据证实，被告单位德览公司和被告人徐某某与林某坤之间属于挂靠关系，虽然被告单位提供了盖有公章的空白合同和报关单，以及帮助林某坤申请退税，属于“四自三不见”行为，属于一般的违法违规行为，其承担的责任仅是行政责任。但其违法行为林某坤等人实施骗税行为提供了可乘之机，对此只能证明其主观上有过失，不能证明其主观上故意，因此，不应当承担刑事责任。

［立法动态］

公安机关维护民警执法权威工作规定（草案）

第一条 为保障公安民警依法履行职责、行使职权，维护国家法律尊严和民警执法权威，依据《中华人民共和国人民警察法》《公安机关督察条例》等法律法规，制定本规定。

第二条 公安民警依法履行职责、行使职权受法律保护，执法活动不受妨害、阻碍，民警及其近亲属的人身财产安全不因民警履行职责、行使职权行为受到威胁、侵犯，民警及其近亲属的人格尊严不因民警履行职责、行使职权行为受到侮辱、贬损。

第三条 公安机关及其民警应当严格依法履行职责、行使职权，树立严格规范公正文明的执法形象，提升执法公信力和执法权威。

第四条 县级以上公安机关应当成立由督察长为主任，警务督察和法制、警令指挥、警务保障、政工人事、新闻宣传及执法办案等部门为成员的维护民警执法权威工作委员会。

维护民警执法权威工作委员会办公室设在警务督察部门，具体负责协调督办侵犯民警执法权威案件，受理调查相关民警的申请申诉，为受到侵犯的民警提供救济、恢复名誉、挽回损失。

第五条 公安机关应当与司法机关、宣传部门等建立维护民警执法权威工作协调联动机制，加强工作沟通与协作。

第六条 公安机关可以通过聘请法律顾问、专职律师等形式，为民警依法履行职责、行使职权提供法律服务，强化维护民警执法权威工作法律保障。

第七条 公安机关应当建立完善维护民警执法权威新闻发布机制，由警务督察部门会同新闻宣传、法制等部门及时发布相关信息，回应社会关切，加强普法教育。

第八条 民警在依法履行职责、行使职权过程中或者因依法履行职责、行使职权遇到以下情形的，公安机关应当积极维护民警执法权威：

（一）受到暴力袭击的；

（二）被车辆冲撞、碾轧、拖拽、剐蹭的；

（三）被聚众哄闹、围堵拦截、冲击、阻碍的；

（四）受到扣押、撕咬、拉扯、推搡等侵害的；

（五）本人及其近亲属受到威胁、恐吓、侮辱、诽谤、骚扰的；

（六）本人及其近亲属受到诬告陷害、打击报复的；

（七）被恶意投诉、炒作的；

（八）本人及其近亲属个人隐私被侵犯的；

（九）被错误追究责任或者受到不公正处理的；

（十）执法权威受到侵犯的其他情形。

第九条 行为人实施侵犯民警执法权威的行为，构成犯罪的，依法追究刑事责任；尚不构成犯罪，构成违反治安管理行为的，依法给予治安管理处罚。

民警由于行为人的行为遭受人身或者财产损失的，公安机关应当支持民警通过提起刑事附带民事诉讼或者民事诉讼等法律途径，维护自身合法权益。

公安机关办理侵犯民警执法权威的刑事案件、治安案件，适用《刑事诉讼法》《治安管理处罚法》《人民警察法》关于回避的规定。

第十条 民警因依法履行职责、行使职权，本人或者其近亲属遭遇恐吓威胁、滋事骚扰、尾随跟踪，或者人身、财产受到侵害的，民警所在公安机关和有管辖权的公安机关应当及时采取保护措施，依法追究行为人的法律责任。

第十一条 民警在执法执勤现场受到不法侵害的，民警及所在部门应当依法采取措施制止侵害并立即向所属公安机关指挥部门报告。公安机关指挥部门应当迅速组织力量进行处置，同时通报警务督察部门。警务督察部门视情派员赴现场初步查明情况，协助控制事态，督促依法处置。

第十二条 公安机关应当协调医疗卫生机构建立民警因公负伤紧急救治畅通机制，为负伤民警提供及时、有效的医疗救治。

第十三条 公安机关办理侵犯民警执法权威的刑事案件、治安案件时，法制部门应当根据情况的复杂程度、造成后果的严重程度，视情提前介入，加强审核把关，对案件定性、取证、处理等进行指导，确保案件办理事实清楚、证据确凿、程序合法、法律适用准确。

第十四条 民警按照法定条件和程序履行职责、行使职权，对公民、法人或者其他组织合法权益造成损害的，民警个人不承担法律责任，由其所属公安机关按照国家有关规定对造成的损害给予补偿。

第十五条 公安机关应当严格依法依规开展执法过错责任追究工作。非因法定事由、非经法定程序，不得对民警采取停止执行职务、禁闭等措施，不得作出免职、降职、辞退等处理或者处分。

公安机关不得受舆论炒作、信访投诉等人为因素影响，不当或者变相追究民警责任，加重对民警的处理。

第十六条 公安机关应当根据行为事实、情节、后果，综合考虑主客观因素，客观评价民警行为性质，区分执法过错、瑕疵、意外，依法依规作出责任认定。

对于民警依法履职尽责，受主观认知、客观条件、外来因素影响造成一定损失和负面影响的行为或者出现的失误，以及民警违法违规履职造成危害后果后，及时发现并主动纠正错误，积极采取措施避免或者减轻危害后果与影响的，公安机关应当从轻、减轻或免于追究民警的责任，或者向司法机关提出从轻、减轻或者免于追究民警刑事责任的建议。

第十七条 对于民警行为是否属于依法履行职责、行使职权行为，以及执法是否存在过错等问题存在较大争议的，公安机关维护民警执法权威工作委员会应当组织相关专业人员成立专家组进行审查，出具书面论证意见，作为公安机关内部责任认定的重要参考依据。纪检监察机关、司法机关介入调查的，公安机关应当及时提供论证意见，加强沟通。

第十八条 民警对因履行职责、行使职权行为受到记大过以上处分、辞退有异议并提出申诉的，民警所在公安机关维护民警执法权威工作委员会应当听取当事民警的陈述、申辩，对事实、理由、依据和程序进行全面复核，认为处理决定不当的，应当向作出决定部门提供复核意见。不得因民警提出申诉而对其加重处理，或者变相打击报复。

第十九条 民警因履行职责、行使职权行为受到纪检监察机关、司法机关调查时或者其他必要情形下，公安法制部门和公安机关聘请的法律顾问、专职律师应当在职责范围内为事件的调查处理提供必要的法律配合。

第二十条 民警认为因依法履行职责、行使职权受到侵害的，民警及其近亲属或者民警所在单位可以向所属公安机关警务督察部门提出维护执法权威申请，一般情况下应当通过书面形式提出，紧急情况下可以口头提出。

警务督察部门在工作中发现民警执法权威受到侵犯的情形、线索，应当主动启动相关工作程序。

第二十一条 警务督察部门在办理维护民警执法权威事项过程中，认为应当由上一级公安机关警务督察部门协调处理的，可以提请上一级公安机关警务督察部门协调处理。

上一级公安机关警务督察部门可以指令下一级公安机关警务督察部门对专门事项进行调查，必要时可以直接开展调查。

第二十二条 民警因依法履行职责、行使职权行为受到公安机关内部不公正处理的，警务督察部门应当督促相关部门限期纠正。

第二十三条 民警因履行职责、行使职权行为受到不实投诉、诬告诽谤、侮辱、恶意炒作，以及被错误审查调查、追究责任后，相关部门予以纠正的，警务督察部门应当通过公开的形式向当事民警发放维权正名书，在一定范围内澄清事实，消除影响。民警受到公安机关内部处分或者被辞退的，公安机关应当及时撤销相关决定并恢复民警公职身份和原职务、职级。

第二十四条 公安机关应当建立维护民警执法权威抚慰金制度，规范审批和管理使用。民警所属公安机关及其政工人事部门、警务督察部门负责人应当出面抚慰因依法履行职责、行使职权受到侵害的民警。

第二十五条 公安机关应当聘请专业人员，在必要时对因依法履行职责、行使职权受到侵害的民警及其近亲属开展心理干预和治疗，缓解和疏导心理压力、负担。

第二十六条 公安机关应当经常开展常用法律法规培训和安全防护理念教育，加强警体、武器警械使用和防护技能以及常见警情处置训练，规范现场执法执勤行为，提升防范和处置能力水平。

第二十七条 公安机关应当加强对侵犯民警执法权威行为规律特点的分析研究，评估执法风险，加强安全指引和预警防范。

第二十八条 有下列行为之一的，依照有关规定追究相关领导和责任人的责任：

（一）因制度不落实、保障不到位、指挥错误导致民警执法权威受到侵犯的；

（二）不按要求向上级公安机关报告有关情况的；

（三）不及时采取善后救助措施的；

（四）阻碍、干扰侵犯民警执法权威案件办理的；

（五）因工作不力、推诿拖延对侵犯民警执法权威案件办理造成严重影响的；

（六）违法违规不处理、降格处理侵犯民警执法权威行为人的。

第二十九条 公安民警在非工作时间，遇到职责范围内的紧急情形，根据现场情况进行先期处置过程中，受到不法侵害的，公安机关依照本规定维护其执法权威。

第三十条 各省、自治区、直辖市公安厅、局，新疆生产建设兵团公安局，各行业公安局，根据本规定制定实施办法。

第三十一条 警务辅助人员在协助民警依法履行职责、行使职权过程中受到不法侵害的，参照本规定开展相关工作。

第三十二条 本规定自2018年 月 日起施行。本规定发布前公安部制定的有关规定与本规定不一致的，以本规定为准。

《最新法律文件解读》丛书
稿　约

《最新法律文件解读》是一套以为最新法律规范提供同步"解读"为主的系列丛书，分为刑事、民事、商事、行政与执行4个分册，按月出版。

本丛书以"解读"为重点，突出全、专、新、快、准等特点，通过对最新出台的法律、法规、司法解释、部门规章以及重要地方性法规进行同步动态解读，弥补了法律、法规、司法解释汇编类出版物没有同步阐释、解读内容的不足，为广大读者学习理解最新法律规范，正确贯彻执行法律文件，及时解决实践中的新情况、新问题，提供一个全方位、多层面的法律信息平台。

欢迎您向以下栏目赐稿：

【最新法律文件解读】主要是对最新颁行的法律文件进行解读，帮助司法和执法人员正确理解法律文件的立法背景、意义、重点内容、在适用中应注意的问题、与相关法律文件的衔接与互动关系等等。

【司法实务问题研究】主要刊登对司法理论、实务及司法管理工作中的热点、疑难问题进行研究及评论的文章。

【新类型疑难案例选评】主要是对司法和行政执法实践中具有典型性和代表性的疑难案例，结合具体案情以及审理或处理结果进行简练精辟的点评，解析认识问题的方法、处理问题的法律依据和在个案中的具体适用。

【法学前沿与新视点】以摘要的形式刊登相关法学理论研究的最新动态及具有代表性和典型性的前沿问题，扩展法学研究的深度和广度。

【法律适用问题解答】主要针对司法和行政执法实践中面临的新问题、热点问题、疑难问题进行简要的解答，指出涉及的法律关系，明确法律适用依据。

稿件一经刊用，即付稿酬，稿酬从优。

《刑事法律文件解读》　姜　峤　邮箱：bj85250573@126.com

《民事法律文件解读》　丁丽娜　邮箱：dlnlaw@163.com

《商事法律文件解读》　路建华　邮箱：shangshijiedu@126.com

《行政与执行法律文件解读》　张　奎　邮箱：271717306@qq.com

人民法院出版社

《最新法律文件解读》丛书编辑部